¿Quién fue Salvador Dalí?

Paula K. Manzanero

ilustraciones de Gregory Copeland

traducción de Yanitzia Canetti

Penguin Workshop

Para Ignacio—PM

PENGUIN WORKSHOP
Un sello editorial de Penguin Random House LLC, Nueva York

Publicado por primera vez en los Estados Unidos de América por Penguin Workshop, un sello editorial de Penguin Random House LLC, Nueva York, 2023

Edición en español publicada por Penguin Workshop, un sello editorial de Penguin Random House LLC, Nueva York, 2024

Traducción al español de Yanitzia Canetti

Visítanos en línea: penguinrandomhouse.com.

Los datos de Catalogación en Publicación de la Biblioteca del Congreso están disponibles.

Impreso en los Estados Unidos de América

ISBN 9780593750629 10 9 8 7 6 5 4 3 2 1 WOR

Contenido

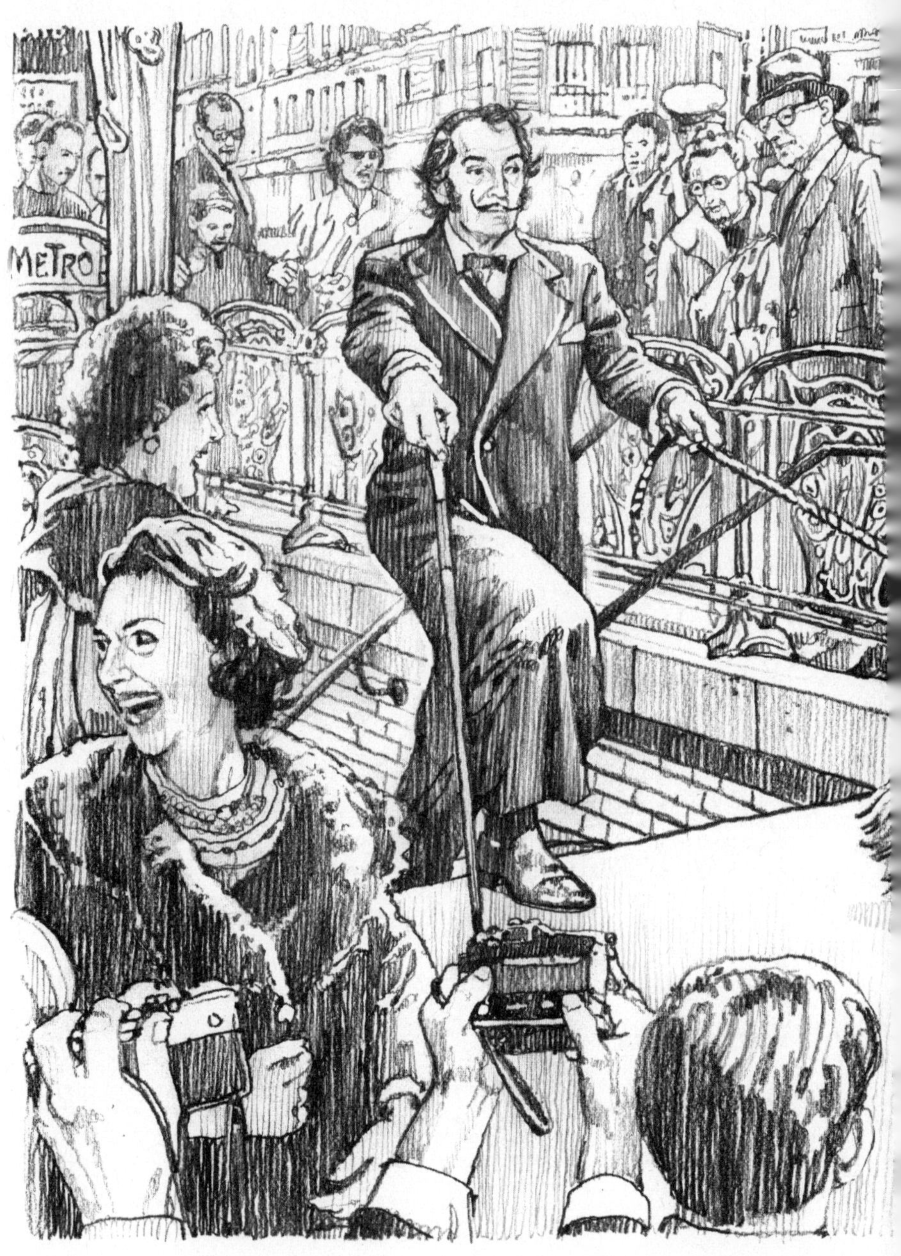
METRO

¿Quién fue Salvador Dalí?

Un hombre bien vestido con un bastón sube las escaleras del metro de París (el metro subterráneo). Su cabello flota al viento y lleva su bigote peinado a la perfección. Mientras mira directamente a la cámara de un fotógrafo, un grupo de parisinos se detiene a mirarlo. O, más exactamente, miran al oso hormiguero grande y peludo que lleva atado a una cuerda.

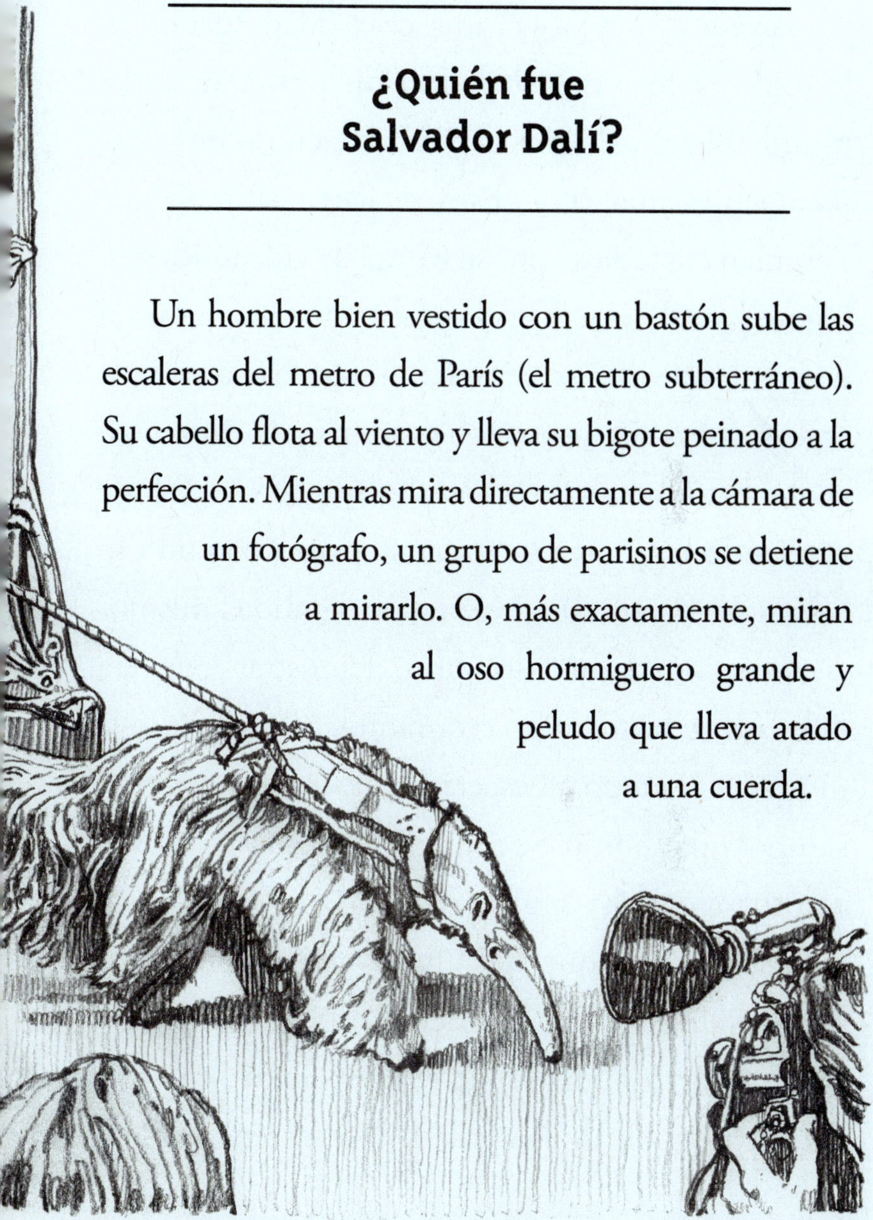

Salvador Dalí ya era una celebridad cuando se le tomó la foto en 1969. Era un pintor de fama mundial conocido por usar la imagen de una cosa para representar otra. Esto se llama simbolismo. También era famoso por su forma de vida única y su bigote, que llevaba delgado y peinado para que cada una de las puntas exteriores apuntara hacia arriba a ambos lados de su nariz. Salvador tenía un amigo al que había apodado "el oso hormiguero". ¿Estaría rindiendo honores a su amigo al pasear con un oso hormiguero real? O tal vez estaba siendo él mismo.

De niño, había decidido demostrar que era diferente a los demás. Y durante su larga vida, le mostró al mundo lo especial que era en todos los campos que abordó. Se convirtió en pintor, cineasta, escritor, escultor y mucho más.

Y resulta que el fotógrafo no captó accidentalmente la aparición de un hombre en traje con un animal inesperado en una concurrida calle de la ciudad. Esta escena inusual en realidad fue planeada con mucha anticipación. Al igual que las personas influyentes en las redes sociales de hoy, Salvador sabía cómo configurar la toma perfecta en el ángulo correcto en el momento adecuado. Sabía cómo hacer que todos hablaran de él y de su arte. Y le encantaba sorprender a la gente.

Salvador fue uno de los artistas más famosos y distinguidos del siglo XX. Al igual que su arte, su personalidad era emocionante y audaz. Le gustaba que la gente cuestionara su estilo inusual. Quería que se dieran cuenta de que algunas obras de arte, al igual que algunas personas, requieren de un análisis más profundo.

CAPÍTULO 1
Su vida en España

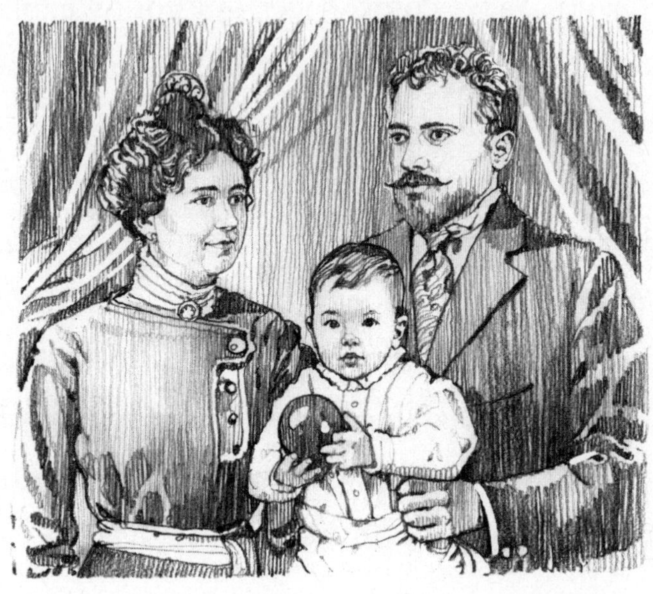

Salvador Dalí, cuyo nombre completo era Salvador Felipe Jacinto Dalí y Domènech, nació el 11 de mayo de 1904, en la ciudad de Figueres, España. La ciudad se encuentra en la esquina noreste del país, en Cataluña, cerca de la frontera francesa. Su madre se llamaba Felipa Domènech i Ferrés. Su padre, Salvador Dalí Cusi, era un abogado que en ocasiones podía ser muy estricto. La familia, que incluía a la abuela de Salvador y a su tía Catalina, hablaba el idioma catalán.

Apenas 9 meses antes de que Salvador naciera, su hermano mayor, a quien también habían nombrado Salvador, había muerto de una gastroenteritis estomacal o infección justo antes de cumplir dos años. Al segundo Salvador le dieron la ropa de su hermano para vestirse y sus juguetes para jugar. De alguna manera, sus padres lo trataron como otra versión de su hijo primogénito, que ya no estaba con ellos.

Cuando Salvador tenía tres años, nació su hermana, Anna María. Un año más tarde, comenzó la escuela. Al cumplir los seis años, sus padres lo trasladaron a una escuela privada, y también tomó clases de francés, el idioma que usaría durante la mayor parte de su vida adulta.

Pero Salvador nunca se interesó mucho por la escuela y deseaba poder pasar su tiempo dibujando. Mientras estaba en clase, a menudo miraba por la ventana o hacia el techo y soñaba

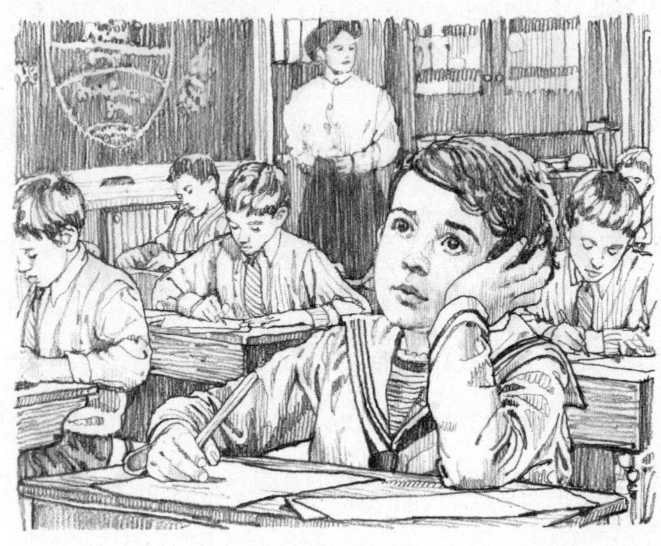

despierto. Miraba las nubes o las grietas de la pintura en el aula y encontraba formas ocultas e imaginaba detalles que eran mucho más atractivos para él que sus lecciones.

Su madre alentó el interés de su hijo por el arte desde una temprana edad. Su abuelo había sido un hombre de arte que creaba hermosos peines para el cabello, abanicos y bastones. Y ella vio algo de esa creatividad en su hijo.

A diferencia de los otros niños de su clase, Salvador iba a la escuela con trajes azules de marinero y zapatos con botones plateados. ¡A veces incluso llevaba un pequeño bastón! Cuando se hizo mayor, le gustaba vestirse y lucir elegante. Era importante para él no ser comparado ni confundido con el primogénito Salvador. No le importaba ser diferente o destacarse, siempre y cuando pudiera ser él mismo.

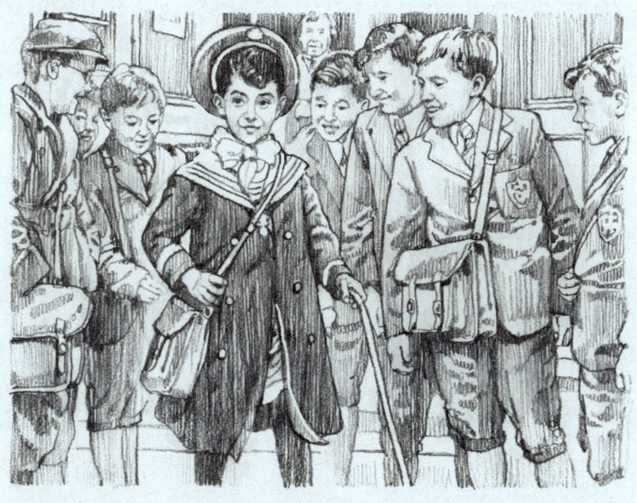

En 1912, cuando tenía 8 años, la familia se mudó a una casa más grande en la que Salvador pudo tener su propio estudio de arte en un viejo cuarto de lavandería, en el ático. Fue allí donde, además de dibujar, Salvador comenzó a practicar cómo guiñar un ojo y sonreír. Se dijo a sí mismo: "¡Salvador Dalí! ¡Ya lo sabes! ¡Si juegas a ser un genio, te convertirás en uno!". Incluso a esta edad, su padre vio lo creativo que era el joven soñador. Él decía: "Tengo un hijo que no presta la más mínima atención a la realidad". A su padre le preocupaba que Salvador fuera artista en lugar de algo más respetable, como maestro o abogado.

En esa época Salvador pintó su primer paisaje, una imagen de la ciudad de Figueres, en la que usó pintura al óleo sobre un pedazo de cartón. Esta pintura, llamada *Paisaje*, muestra cipreses, tejados rojos y pájaros en el cielo. Las primeras imágenes de Salvador fueron de su ciudad natal y también del pueblo pesquero de Cadaqués, donde su familia pasaba sus vacaciones de verano. Salvador amaba la costa rocosa y los barcos atracados en el puerto de Cadaqués.

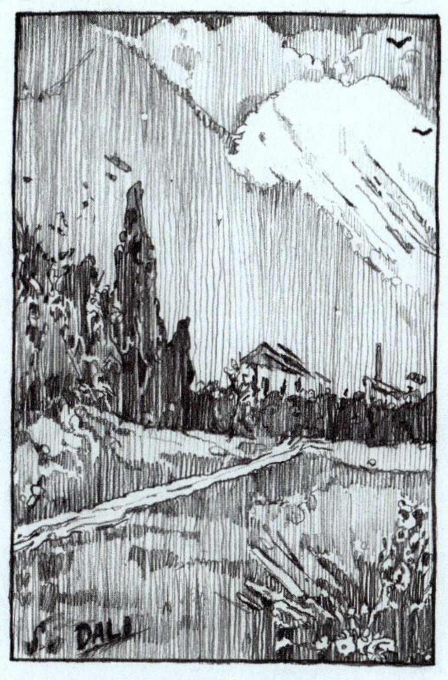

Paisaje, Dalí, 1914

En Cadaqués, Salvador encontró su primer mentor en el amigo de la familia Ramón Pichot. (Un mentor es alguien con habilidades y experiencia en una materia determinada, que entrena o aconseja a otra persona). Pichot fue un pintor que trabajó en el estilo impresionista, desarrollado en Francia durante la segunda mitad del siglo XIX. Los pintores impresionistas utilizaron un estilo amplio y rápido, con pinceladas que se ven fácilmente y colores que a menudo son brillantes. Trataban de capturar la impresión, o el sentimiento, de un momento en el tiempo, en lugar de una imagen realista de sus sujetos. Ramón Pichot le aseguró al padre de Salvador que el arte era el camino correcto para su talentoso hijo.

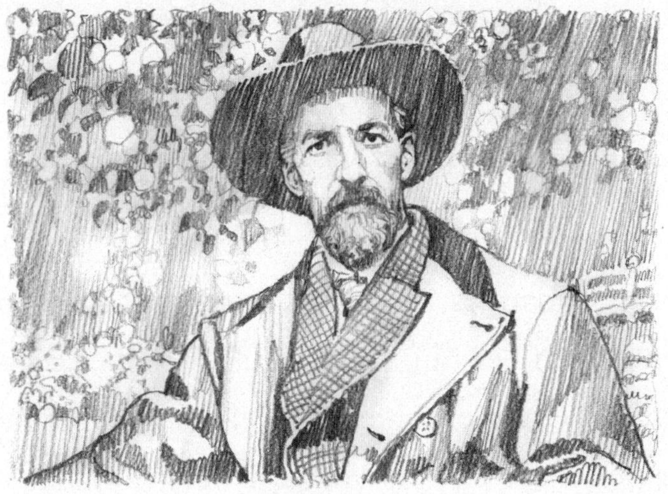

Ramón Pichot

A los doce años, Salvador asistió al Instituto Figueres, que era como una escuela secundaria estadounidense, destinada a prepararlo para una futura carrera. Su padre también lo matriculó en la Escuela Municipal de Dibujo. Allí, tomó lecciones de dibujo de Juan Núñez Fernández, quien vio lo talentoso que era Salvador. Pensaba que el joven podría convertirse en un pintor exitoso. Y eso era lo único que Salvador había deseado ser. Ahora toda su familia creía en su talento y en su sueño. Justo un año después, en 1917, el padre de Salvador organizó una exposición de sus dibujos en su casa.

CAPÍTULO 2
Los comienzos de un artista

Aunque Juan Núñez Fernández y la familia de Salvador le dieron todo su apoyo, Salvador pensaba que era más importante parecerse a un artista que serlo realmente. Así, se dejó crecer el pelo y practicaba haciendo muecas frente al espejo.

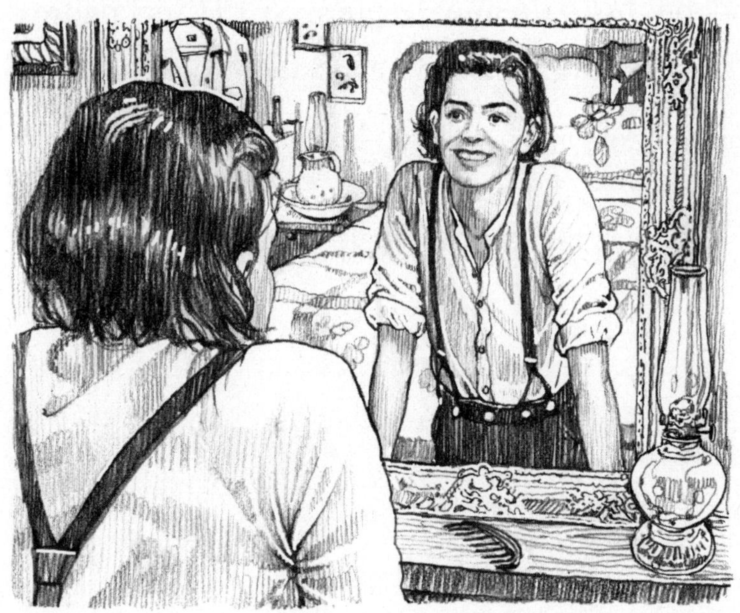

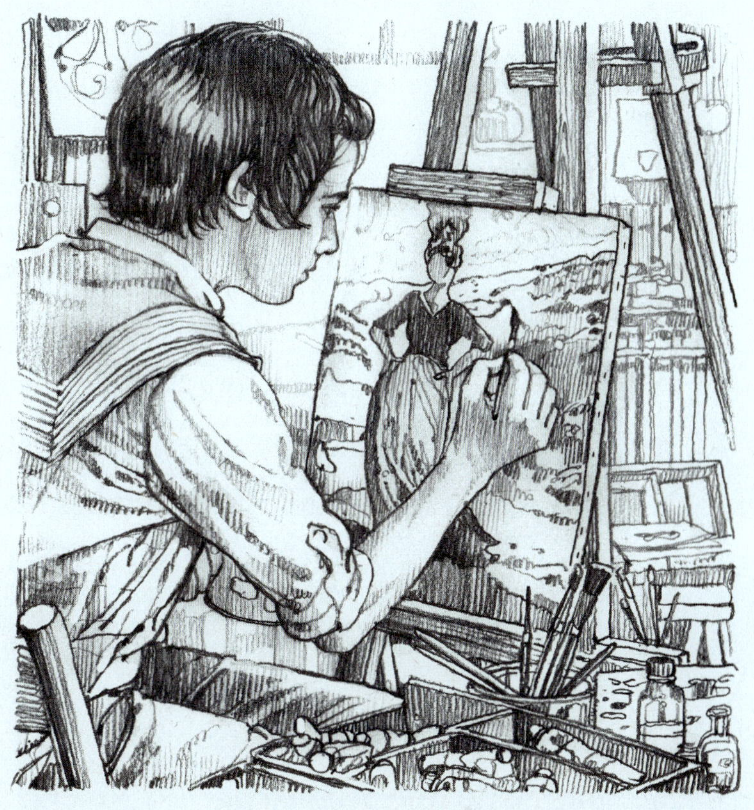

La pintura de Salvador Dalí comenzó a mostrar la influencia de su amigo Ramón Pichot y de los pintores impresionistas. Cuando tenía alrededor de catorce años, pintó *La mujer del cántaro*, una obra cuya luz y color son claramente del estilo impresionista.

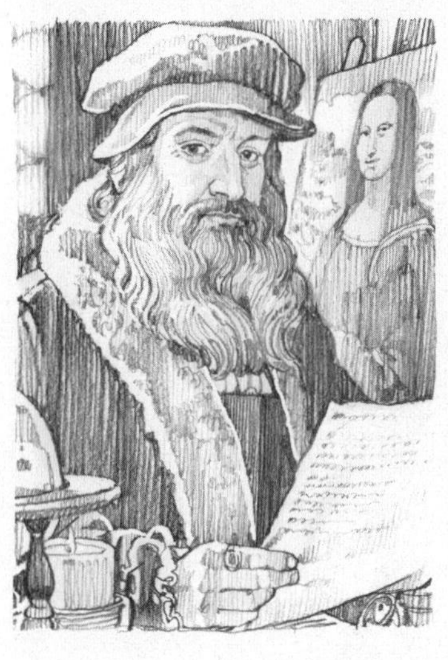

Leonardo da Vinci

Aunque Salvador se estaba familiarizando con los pintores modernos de su tiempo, admiraba a los pintores conocidos como los viejos maestros, artistas que vivieron en Europa antes de 1800, entre ellos: Rembrandt, Leonardo da Vinci, Miguel Ángel, Johannes Vermeer y Diego Velázquez. En 1919, cuando tenía 15 años, Salvador escribió un ensayo sobre Leonardo da Vinci afirmando que pensaba que Da Vinci era "el más grande maestro de la pintura, un alma que sabía estudiar, inventar, crear con ardor [amor], pasión y energía". Y cuando finalmente pudo dejarse crecer el bigote, fue en parte en homenaje al gran maestro español Velázquez.

Ese mismo año, la obra de Salvador formó

parte de una exposición colectiva, o muestra, realizada en el vestíbulo del Teatro Municipal de Figueres. ¡Este fue su primer *show* público!

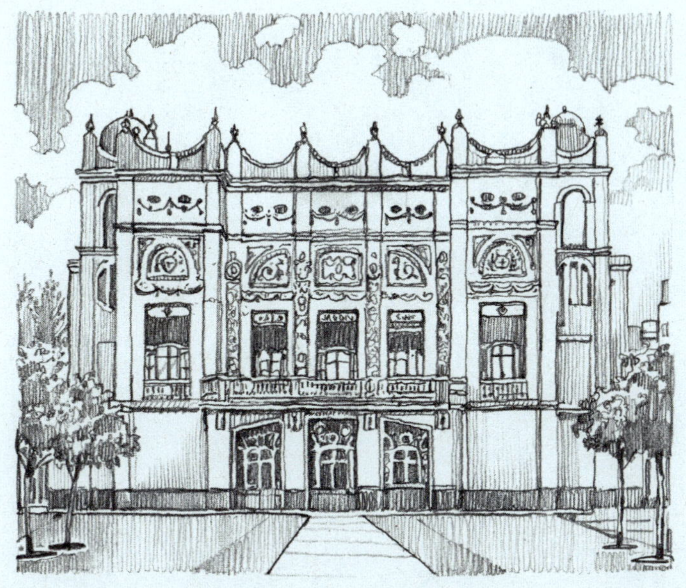

Teatro Municipal de Figueres

Aunque esta fue una época emocionante para Salvador, en 1921 experimentó una profunda tragedia. Su madre murió de cáncer poco después de enfermar. Salvador quedó devastado.

Cuando su padre se casó con su tía Catalina,

Diego Velázquez (1599-1660)

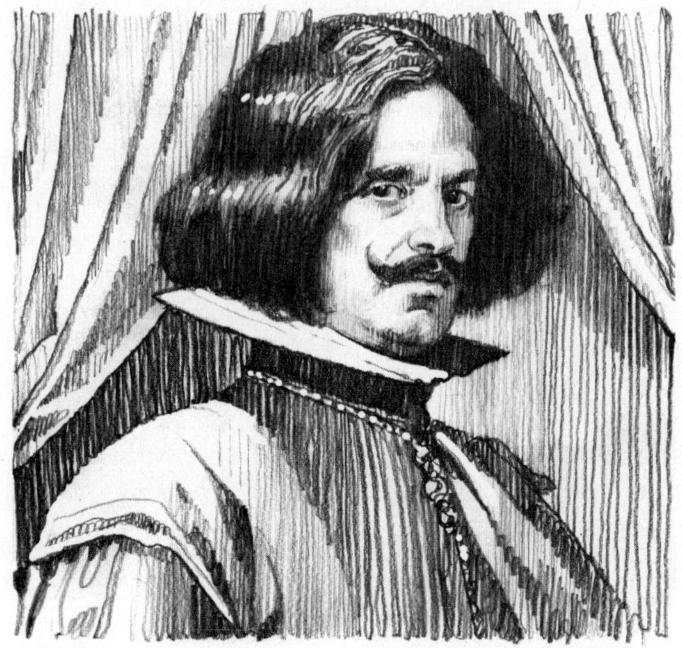

Diego Rodríguez de Silva y Velázquez nació en Sevilla, Andalucía, España. Comenzó a formarse como pintor cuando tenía alrededor de doce años. Fue uno de los primeros artistas en pintar escenas realistas de bodegones de cocina, pero después, se dedicó a pintar imágenes religiosas, así como retratos. Utilizó un estilo de iluminación dramática, mostrando un alto contraste, o diferencia, entre las partes claras y oscuras de sus pinturas.

Velázquez se convirtió en el pintor del rey Felipe IV de España y pintó muchos retratos de otros miembros de la familia real. El más famoso de ellos es *Las meninas*, terminado en 1656. Incluye un retrato de la joven princesa Margarita Teresa, así como los retratos reflejados del rey Felipe IV y Mariana de Austria, vistos en un espejo sobre la cabeza de la princesa.

Velázquez es recordado como el artista principal del Siglo de Oro español, que duró desde 1492 hasta 1681.

Salvador se acercó mucho más a su hermana de 14 años, Anna María. Un autorretrato, completado por esa época, muestra a un Salvador serio de 17 años con patillas largas, cabello largo y un cuello cómicamente alargado.

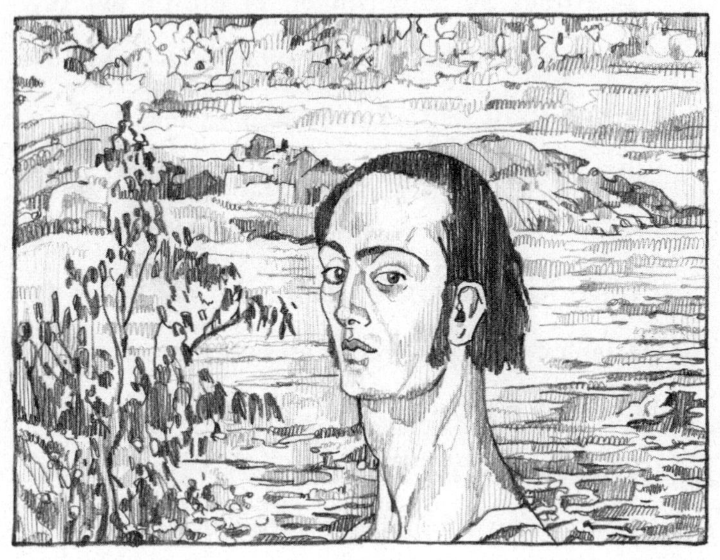

En 1922, Salvador ingresó en la Real Academia de Bellas Artes de San Fernando, en Madrid. Se mudó a una habitación en la residencia de estudiantes. Allí conoció a otros jóvenes

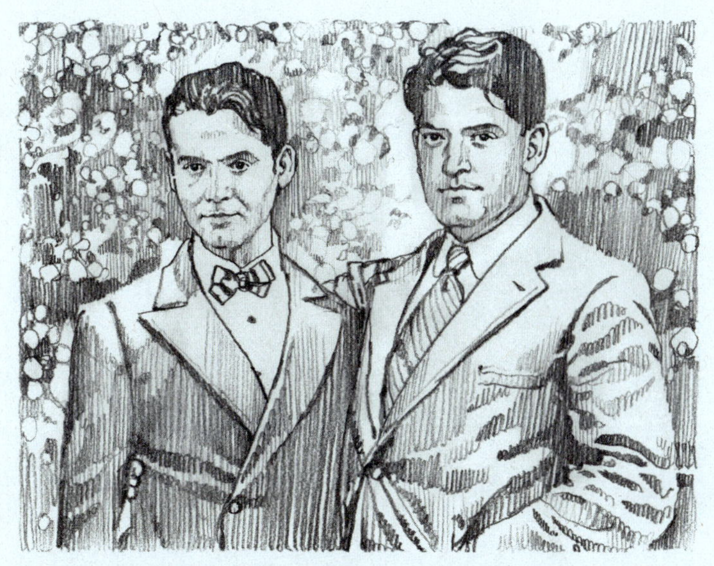

Federico García Lorca y Luis Buñuel

estudiantes creativos, entre ellos al poeta Federico García Lorca y al futuro cineasta Luis Buñuel.

Salvador comenzó a experimentar con su estilo personal. Se dejó crecer más el cabello y llamó la atención con el tipo de ropa que usaba. A menudo se le veía con una capa larga, un abrigo de terciopelo y un sombrero grande. Aunque quería parecer extravagante, en realidad era muy tímido. Cuando sus compañeros se burlaban de él, pasaba tiempo

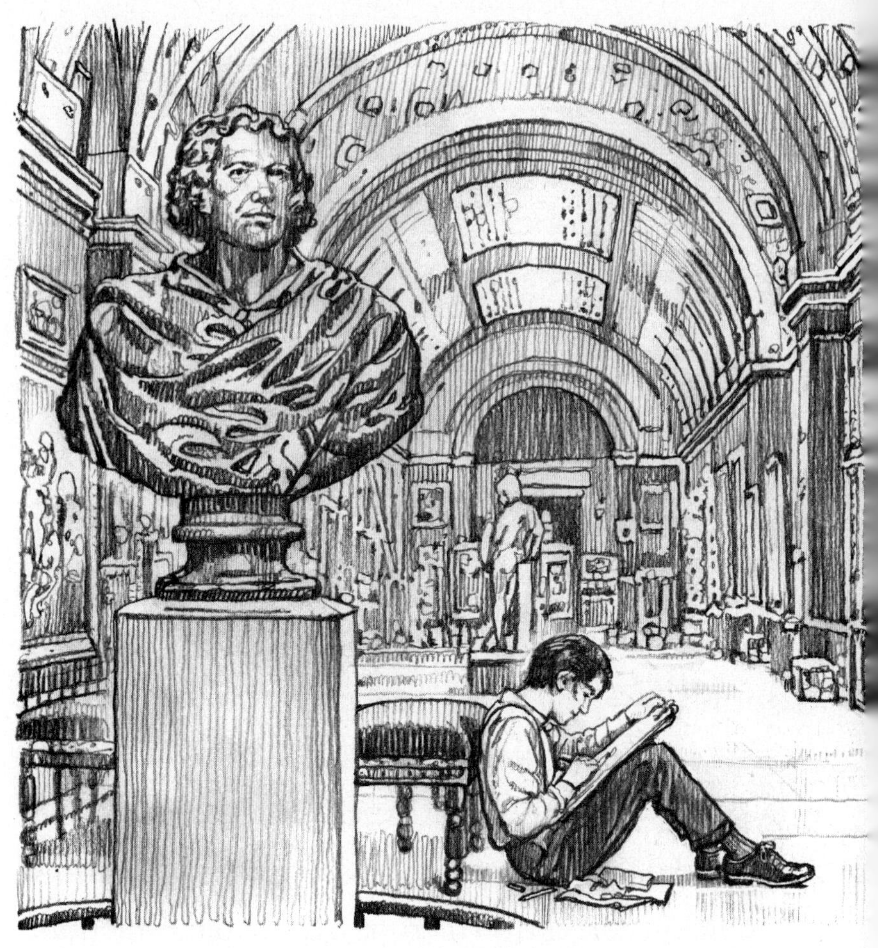

solo en el Museo del Prado copiando las pinturas de los antiguos maestros. Todos los domingos, visitaba el museo. "Lápiz en mano, yo analizaba las grandes obras maestras", dijo más tarde.

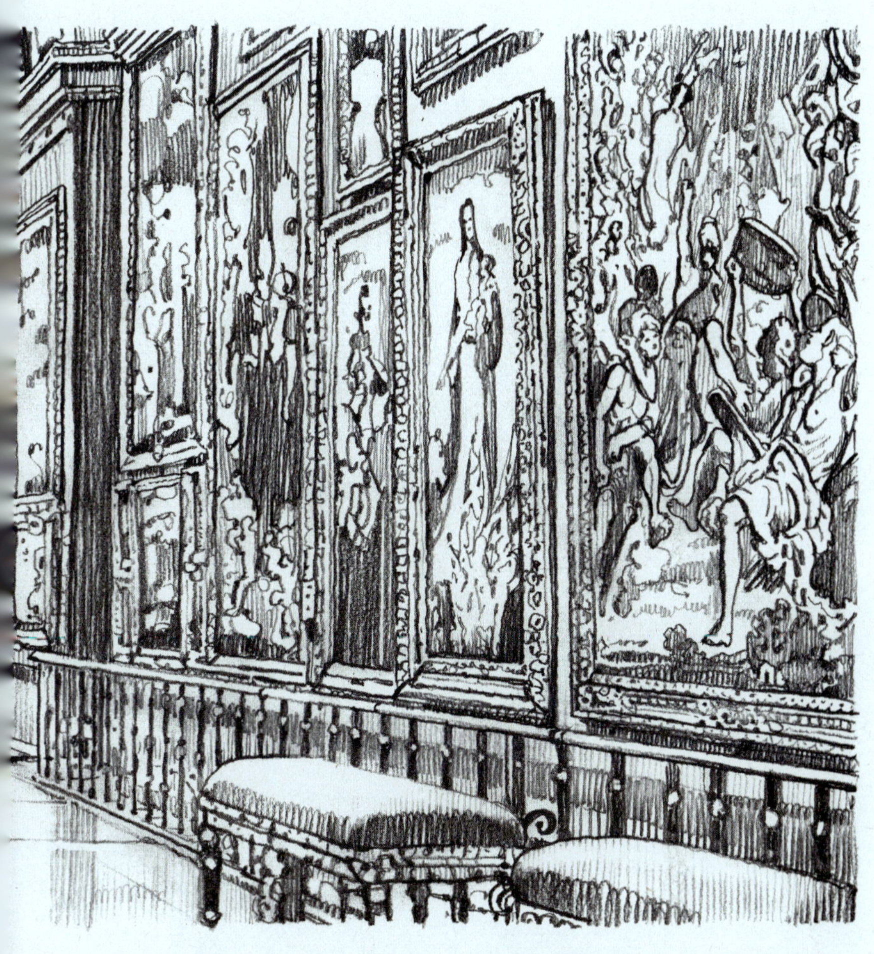

También comenzó a experimentar con su estilo de pintura. Un año antes, en 1921, Ramón Pichot había mostrado a Salvador pinturas de estilo cubista. Este era un estilo de pintura muy moderno,

El Museo del Prado

Fundado en 1819 en Madrid, el Prado es el museo nacional de España. Es uno de los museos de arte más famosos e importantes del mundo. El Prado es el hogar de dibujos, grabados, esculturas, y más de

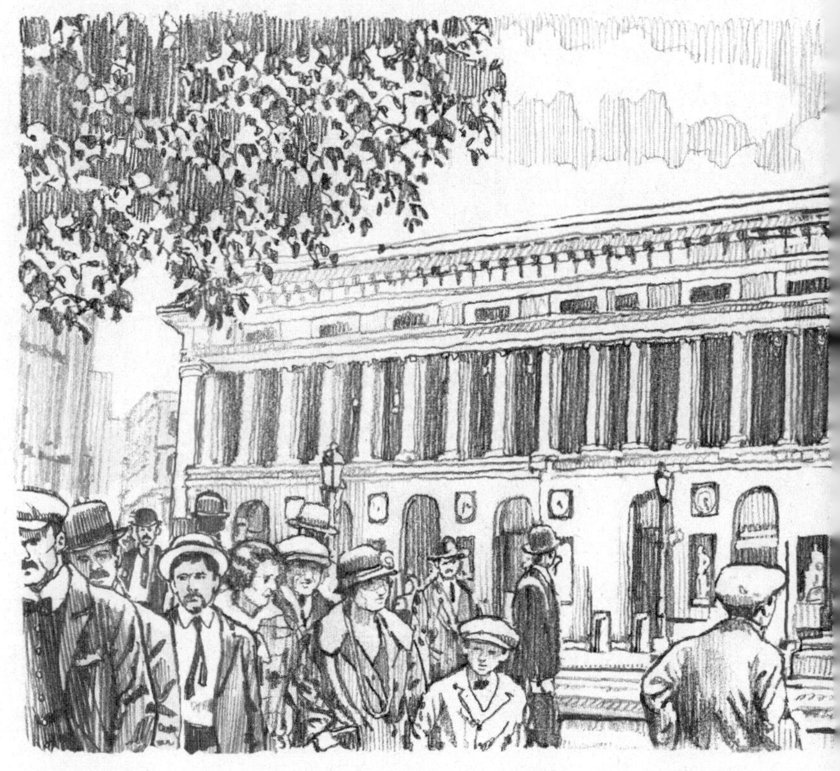

ocho mil pinturas. Hay pinturas de artistas como Peter Paul Rubens, Tiziano y Hieronymus Bosch. Pero lo más destacado para muchos son las obras de los pintores españoles El Greco, Francisco Goya y más de sesenta obras de Diego Velázquez, incluida su obra maestra *Las meninas.*

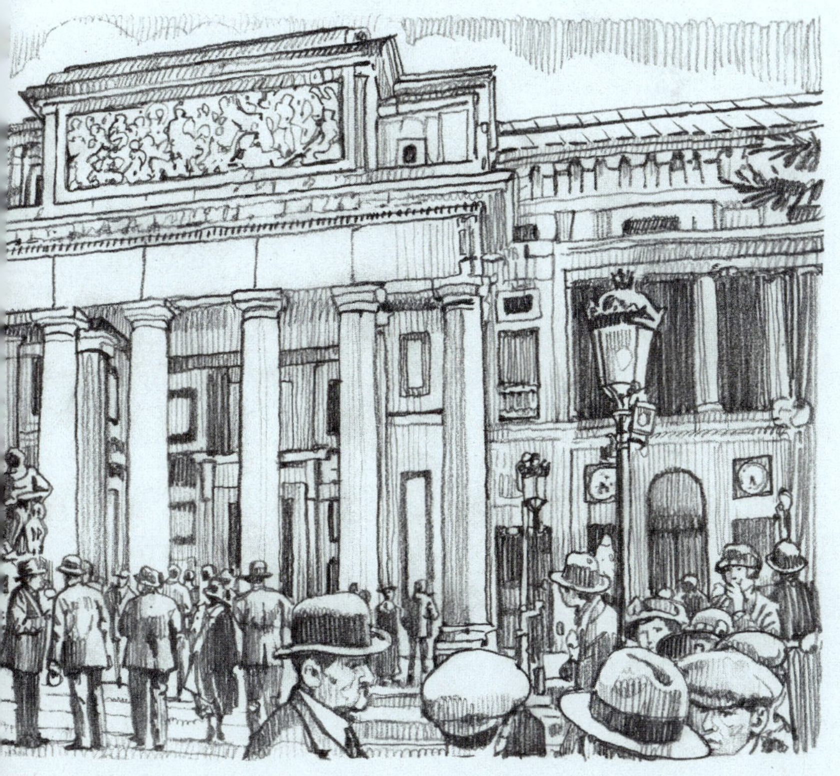

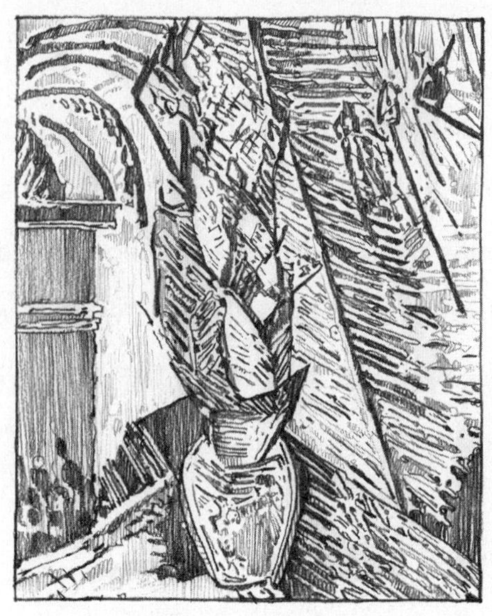

Pintura cubista de Pablo Picasso, 1907

diferente a todos los anteriores. El cubismo intentó mostrar más imágenes tridimensionales sobre lienzo. Una pintura de una persona u objeto en este estilo se parece a un *collage* reensamblado. Un *collage* es una obra de arte en la que se pegan diferentes tipos de materiales en una superficie para crear una imagen. Uno de los primeros cuadros cubistas había sido creado en 1907 por otro artista español, Pablo Picasso.

Picasso había cofundado el movimiento cubista con el artista francés Georges Braque. Y Salvador estaba listo para explorar las ideas de este estilo. En 1923, pintó su propio *Autorretrato cubista*. En esta pintura, el rostro de Salvador está casi oculto en un rompecabezas de ángulos y formas. La imagen es completamente moderna. Salvador miraba hacia el futuro.

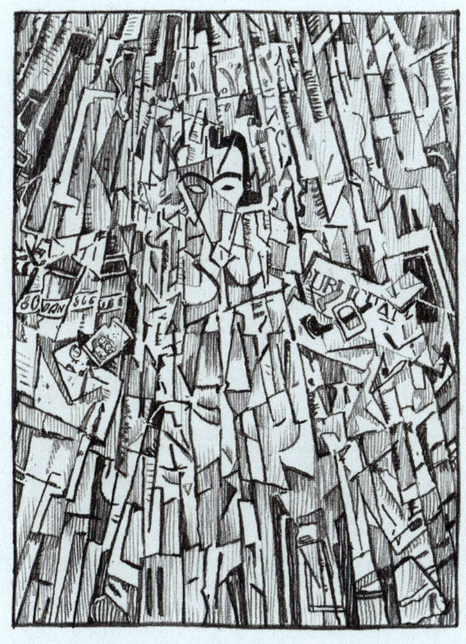

Autorretrato cubista de Dalí, 1923

Pablo Picasso (1881-1973)

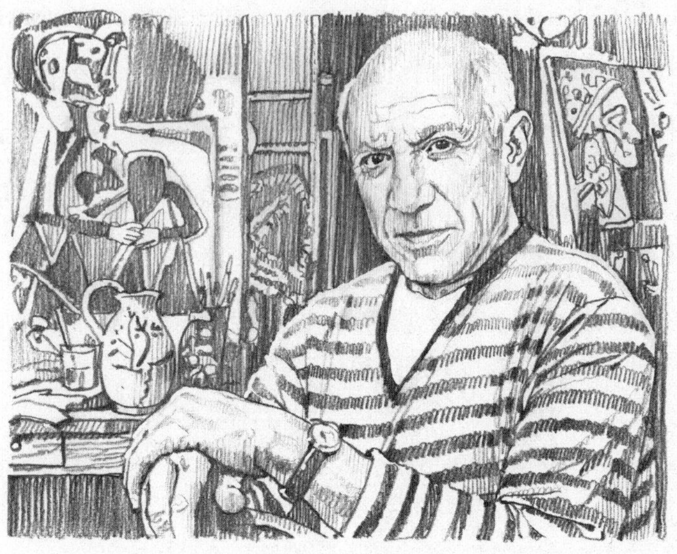

Pablo Diego José Francisco de Paula Juan Nepomuceno Crispín Crispiniano María Remedios de la Santísima Trinidad Ruiz Picasso nació en Málaga, España. Comenzó a pintar durante su infancia y mostró un gran talento desde el principio. Picasso se convirtió en pintor, escultor y ceramista, cuyo trabajo se identifica por muchos "períodos", entre ellos: Período Azul, Período Rosa, Influencias Africanas y Período Cubista. Picasso pasó la mayor parte de su vida adulta en Francia, y allí fue donde creó gran parte de su arte.

Dos de sus pinturas más famosas son *Les Demoiselles d'Avignon* de 1907 y *Guernica* de 1937. ¡Se estima que completó alrededor de cincuenta mil obras de arte en su vida! Es considerado uno de los artistas más influyentes del siglo XX.

CAPÍTULO 3
Estudiante problemático

En 1923, Salvador participó en una protesta estudiantil en la Real Academia por la que fue suspendido de la escuela por un año. Regresó a la casa de su padre en Figueres para reanudar sus clases con Juan Núñez Fernández. Por supuesto, también visitó la costa, donde pintó *Cadaqués*, un paisaje que muestra los árboles y las arenas blancas de su amada ciudad costera. Hay siete mujeres en el cuadro,

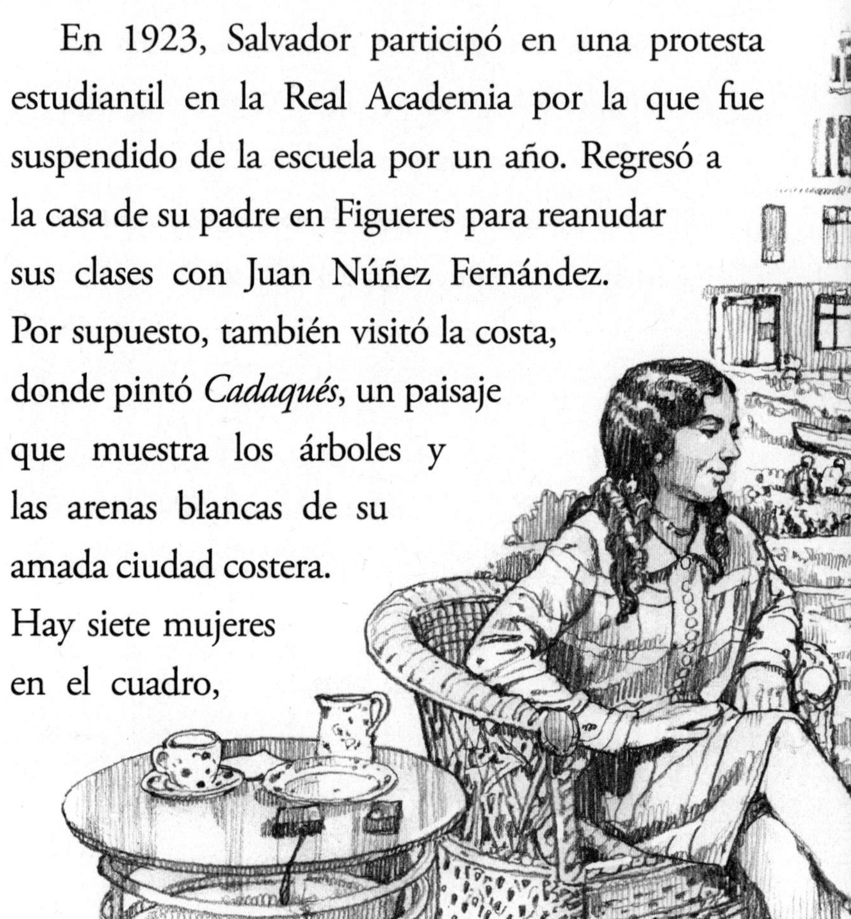

y Salvador usó a su hermana, Anna María, como modelo para todas ellas. Ella era la única modelo que Salvador usaba en esa época.

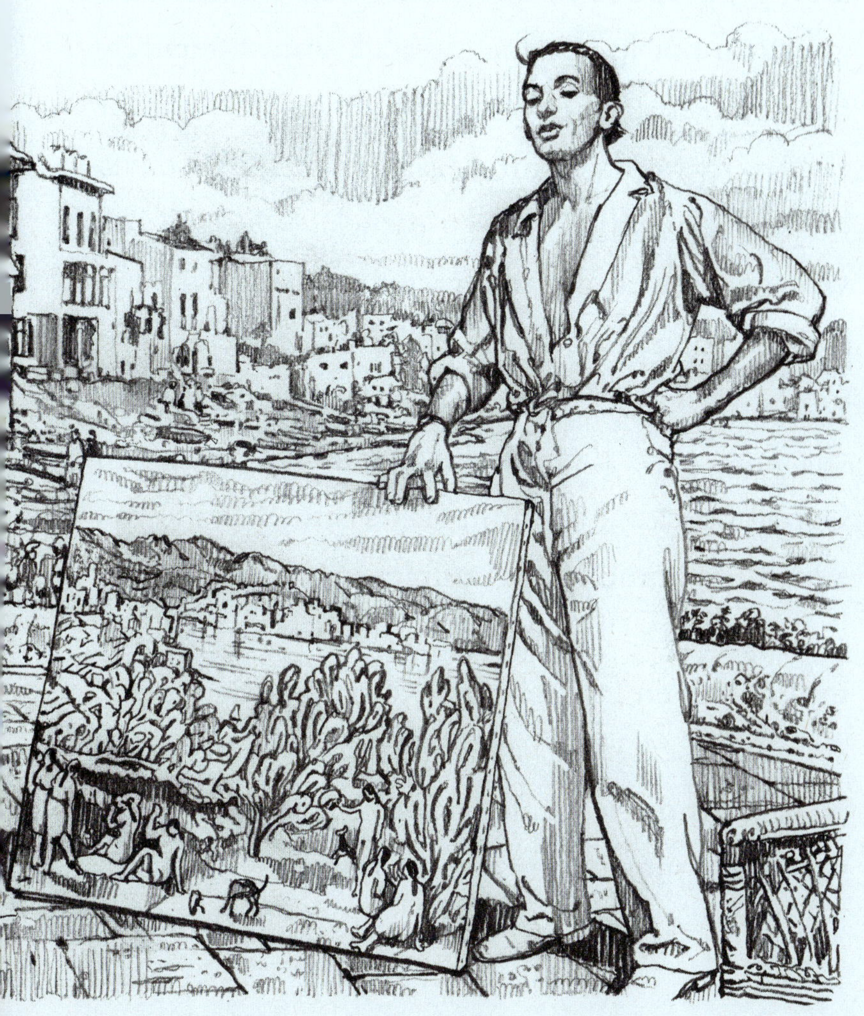

En 1924, el gobierno español intentaba prohibir el idioma catalán, el idioma de la familia Dalí y de todos los que vivían en la región. Salvador apoyó a un grupo político que se oponía a las ideas del gobierno por lo que fue arrestado injustamente y pasó casi un mes encarcelado. Antes de finalizar el año, regresó a Madrid, a pesar de que todavía estaba suspendido de la escuela. Después de vivir en Madrid durante varios meses, volvió a la Real Academia para repetir su curso académico y se alojó en las residencias de estudiantes. Una vez más, pasó tiempo con sus amigos Federico García Lorca y Luis Buñuel, y visitó el Prado tan a menudo como le fue posible.

En 1925, tuvo su primera exposición individual, en las Galerías Dalmau de Barcelona. Aunque ya en 1922 había mostrado su trabajo allí en una exposición colectiva, esta sería la primera vez que se mostrarían solo sus pinturas.

¡La exposición fue un gran éxito! En ella incluyó *Retrato del padre y la hermana del artista,* un dibujo de su familia. Pero *Muchacha en la ventana*, una pintura de Anna María, se considera su primera obra maestra. Los dos artistas aún no se habían conocido, pero cuando Picasso visitó la muestra, comentó que esta era la mejor obra de Salvador.

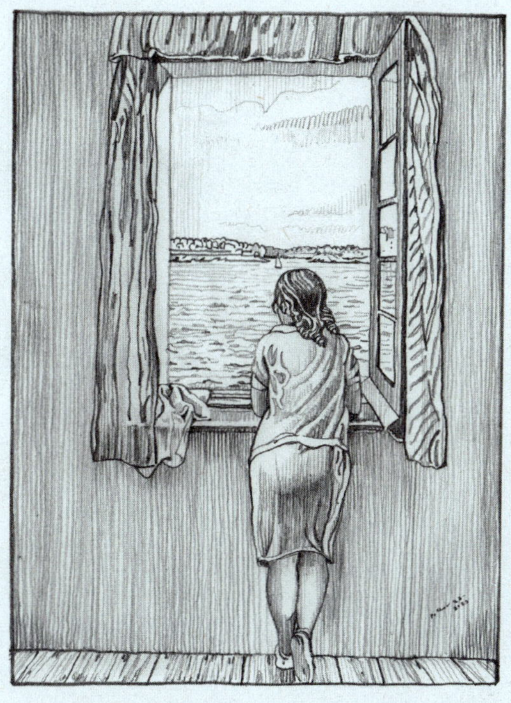

Muchacha en la ventana, 1925

En abril de 1926, Salvador, Anna María y su madrastra, Catalina, visitaron París, Francia. Este fue un sueño hecho realidad para él, pues sabía que París, el centro del movimiento del arte moderno, era donde se estaba creando un trabajo emocionante. Allí, Salvador pudo visitar a Pablo Picasso en su estudio. Picasso le dedicó tiempo

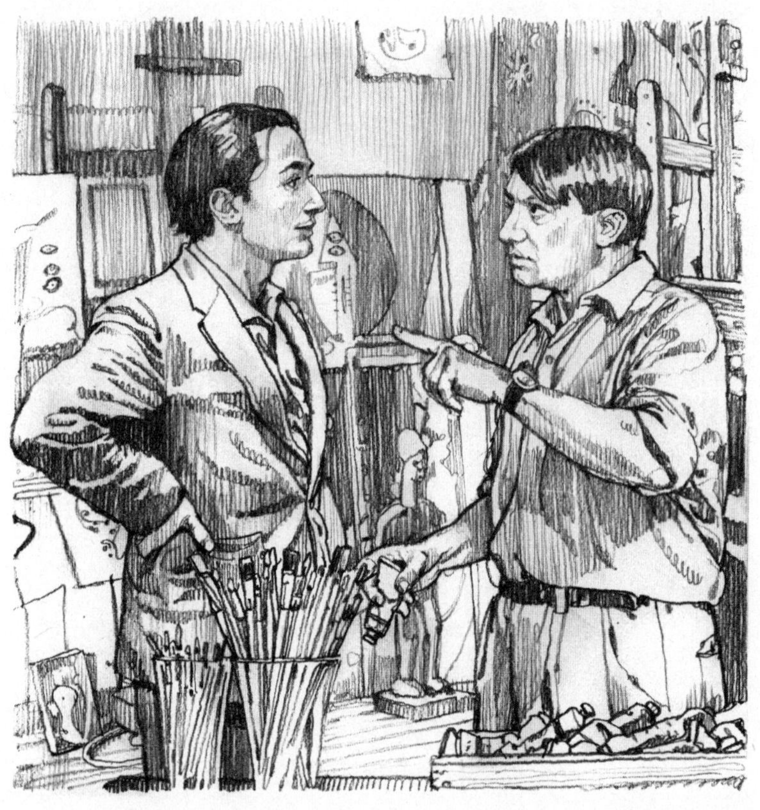

para mostrarle en qué estaba trabajando y las pinturas que había completado. Salvador dijo que la visita al estudio del gran artista fue "como si yo hubiera tenido una audiencia con el Papa".

Apenas dos meses después, en junio, Salvador fue expulsado de la Real Academia de nuevo, esta vez para siempre. Él sentía que sus maestros no estaban lo suficientemente preparados para juzgar su trabajo. De cierta forma, tenía razón. La técnica de Salvador estaba mejorando. Su reputación estaba creciendo. Se sentía listo para dejar atrás la escuela y comenzar su carrera como pintor.

CAPÍTULO 4
El surrealista

Después de dejar la Real Academia, Salvador regresó a Figueres. Pero tenía que demostrarle a su padre que podía ser un pintor exitoso. Se despertaba todos los días al amanecer y comenzaba a pintar. Trabajaba muy duro para demostrar que ya conocía el estilo clásico de pintura que había admirado en el Prado. En 1926, pintó un hermoso bodegón llamado *La cesta de pan*, que muestra que ya dominaba cómo contrastar adecuadamente las áreas claras y oscuras y el aspecto suave y duro en sus

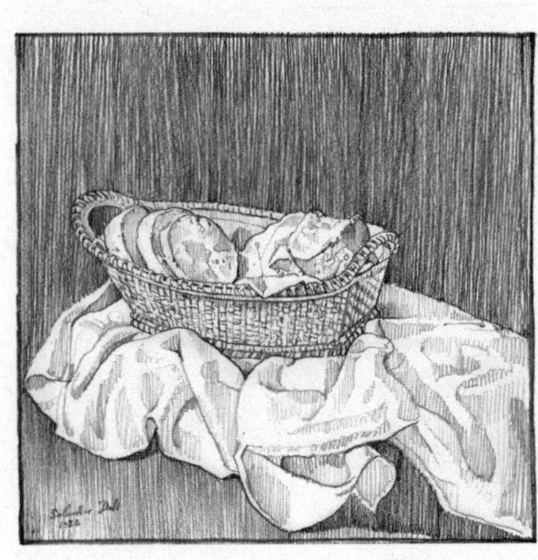

La cesta de pan, 1926

obras. Salvador usaba pequeños pinceles para pintar para que las pinceladas fueran casi invisibles. *La cesta de pan*, como la mayoría de sus pinturas, parece casi una fotografía.

En 1927 realizó su segunda exposición en las Galerías Dalmau de Barcelona. Las pinturas que exhibió en esta, mostraban técnicas realistas (a veces llamadas "clásicas") y cubistas. Algunas

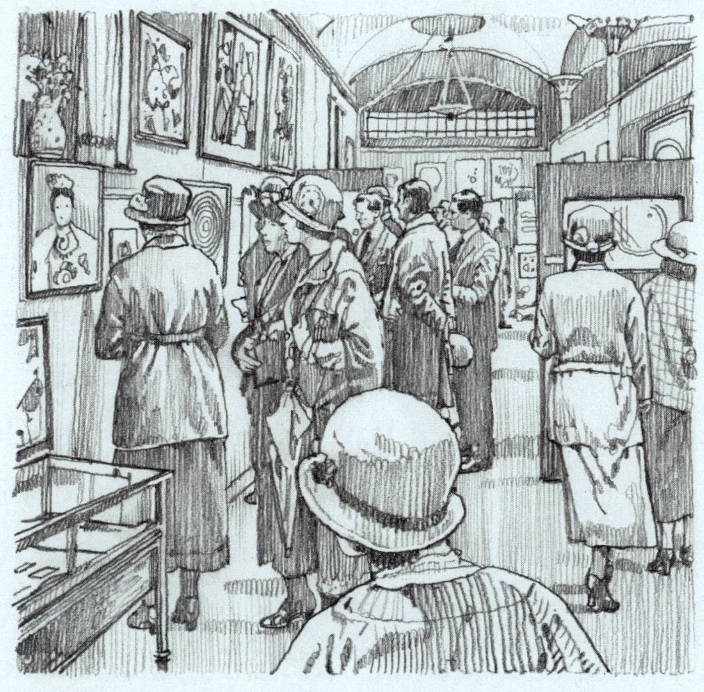

Galerías Dalmau en Barcelona

pinturas presentaban un nuevo estilo de arte conocido como surrealismo.

El escritor y poeta francés André Breton creó el concepto de surrealismo unos años antes, en 1924.

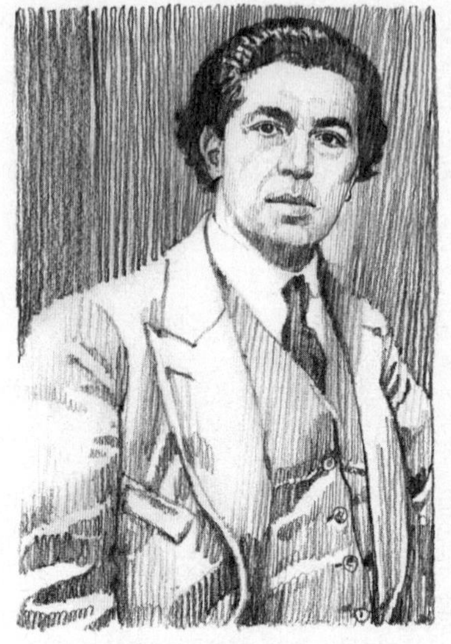

André Breton

La palabra significa "más allá de la realidad". La manera surrealista de pensar era que los sueños y la intuición podían abrir formas creativas de hacer arte, música, poesía y cine. Entre los artistas surrealistas que vivían en París en ese momento estaban: el estadounidense Man Ray, los alemanes Paul Klee y Max Ernst, y el español Joan Miró. La idea de representar el inconsciente, la parte de la mente de la que no somos conscientes, atrajo a Salvador. Sus pinturas a menudo contenían imágenes no relacionadas combinadas de maneras nuevas e inusuales.

De abril a junio de 1928, Salvador volvió a pasar un tiempo en París, donde fue presentado a otros artistas surrealistas por su amigo y compañero Joan Miró. Durante este tiempo, su pintura *La cesta de pan* se mostró en el Instituto Carnegie en Pittsburgh, Pensilvania, y llamó mucho la atención. El nombre de Salvador se estaba haciendo conocido en los Estados Unidos.

En 1929, Salvador ayudó a su amigo Luis Buñuel a escribir el guion de un cortometraje surrealista llamado *El perro andaluz*. La película no tiene una historia tradicional, sino que sigue una serie onírica de imágenes y personajes que a veces no se sienten relacionados. Se basa en el sueño de Salvador en el que las hormigas se arrastran fuera de su mano, y el sueño de Luis en el que se corta un ojo. Aunque la película dura solo 16 minutos, fue tan popular en Francia, ¡que se exhibió durante 8 meses en un cine de París! (Muchas películas hoy en día solo permanecen en los cines de dos a cuatro semanas). Con este éxito, Salvador fue aceptado en el grupo surrealista de artistas.

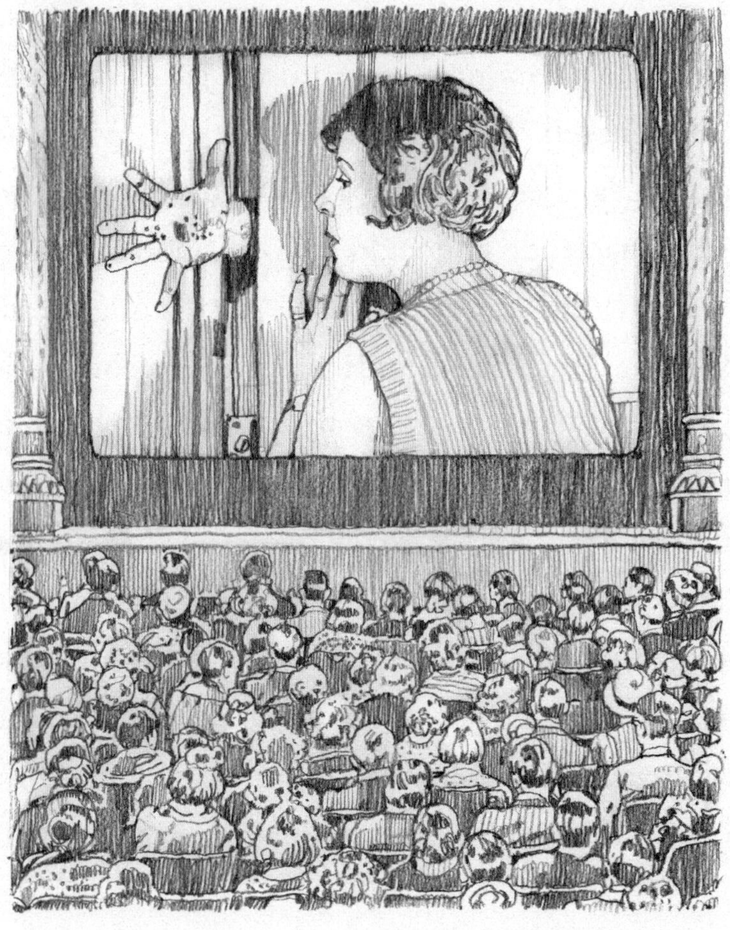

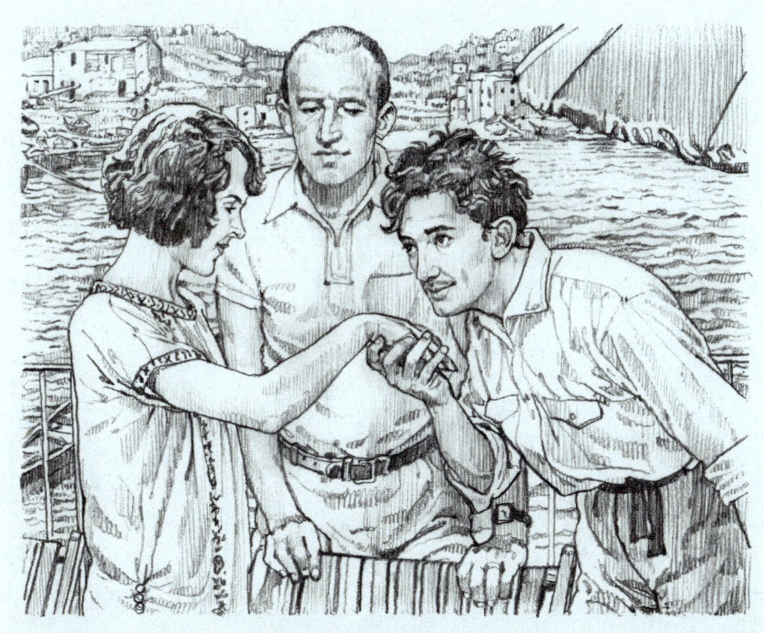

Salvador conoce a Gala

Después de terminar *El perro andaluz*, Salvador regresó a la playa de Cadaqués en agosto de 1929. Tuvo muchos visitantes allí, entre ellos al poeta Paul Éluard y su esposa, Gala. A pesar de que era un poco tímido con muchas personas, Salvador no se sentía así con Gala, una mujer rusa cuyo nombre completo era Elena Ivanovna Diakonova. Aunque estaba casada con Paul, Salvador no pudo evitar enamorarse profundamente de Gala, y los dos comenzaron a salir.

En noviembre de ese año, Salvador hizo su primera exposición fuera de España, en la Galería Goemans de París. Mostró 11 pinturas, entre ellas *Los primeros días de la primavera*.

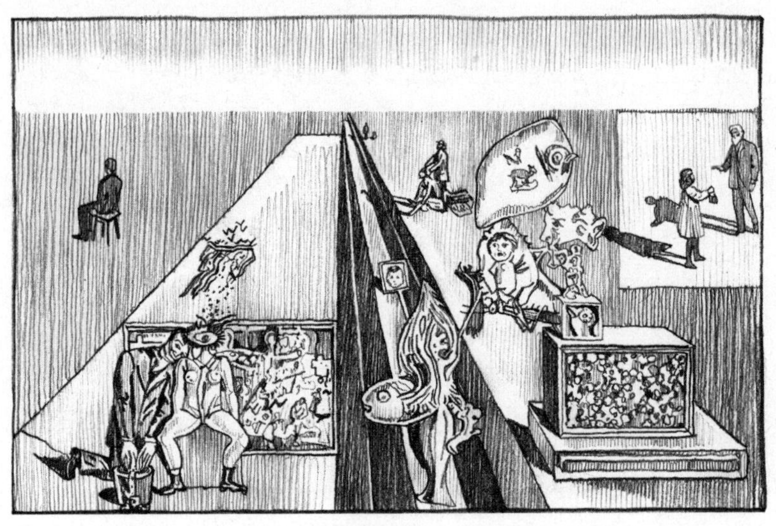

Los primeros días de la primavera, 1929

Esta es una de las pinturas surrealistas más famosas de Salvador. Muestra escenas de su infancia sobre un fondo que está pintado de gris y azul. Aunque la muestra fue un éxito y todas las pinturas de Salvador se habían vendido, su vida familiar se volvió un poco difícil.

El padre de Salvador no aprobaba la relación de su hijo con Gala, que todavía estaba casada con Paul. Echó a Salvador de su casa en Figueres y le prohibió el acceso a su casa junto al mar en Cadaqués. Anna María dejó de hablarle. Esto fue muy triste para Salvador. Pero estaba listo para comenzar una nueva vida con Gala.

CAPÍTULO 5
El éxito

Como ya no era bienvenido en ninguna de las casas de su infancia, Salvador, junto con Gala, dividió su tiempo entre París y una cabaña de pescadores que habían comprado en Puerto Lligat, muy cerca de Cadaqués.

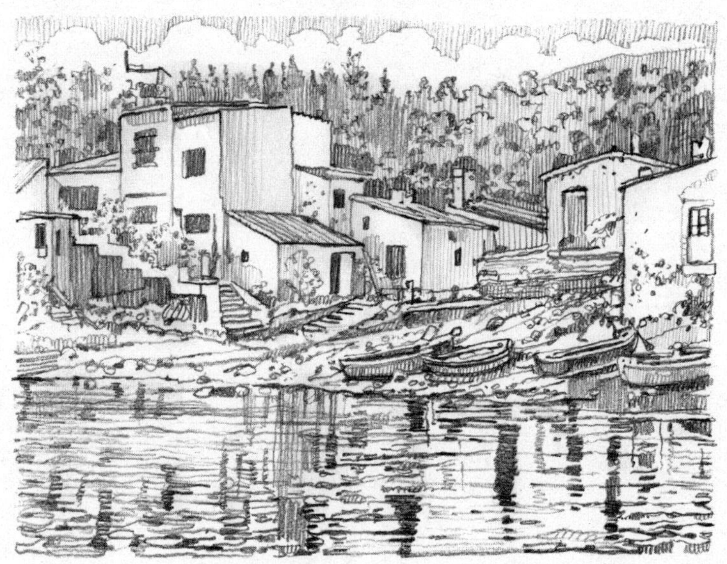

Casa de Dalí en Puerto Lligat, España

El 28 de noviembre de 1930, la segunda película que Salvador escribió con Luis Buñuel, *L'Age d'Or* (*La edad de oro*) se estrenó en París. Pero para el 11 de diciembre, ya había sido prohibida en Francia. Aunque

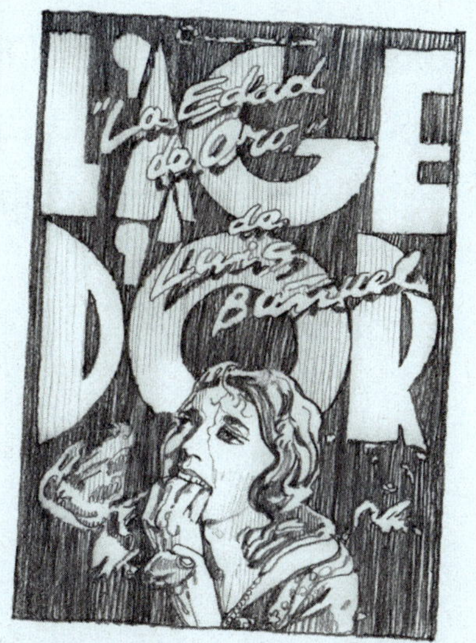

era una de las primeras películas sonoras en ese país, la comedia surrealista que se burlaba de la sociedad, fue considerada demasiado impactante por muchas personas en la audiencia.

Al año siguiente, la primera exposición surrealista en los EE. UU. tuvo lugar en el museo Wadsworth Atheneum en Hartford, Connecticut. Aunque el estilo del arte era ya conocido en Europa, la idea del surrealismo era nueva en los EE. UU. Esta muestra presentó solo obras de artistas europeos, entre ellos Max Ernst,

Joan Miró, y Salvador Dalí. Sus pinturas ahora se exponían en EE. UU., pero los propios artistas permanecieron en Europa.

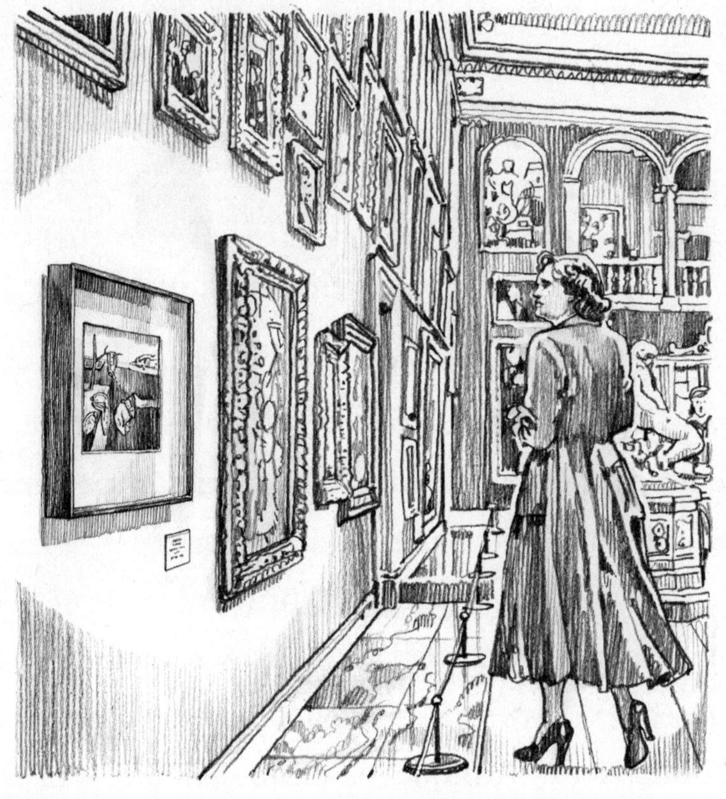

En la exposición en Hartford se expuso por primera vez *La persistencia de la memoria*. Es la pintura por la que Salvador es más famoso. Las

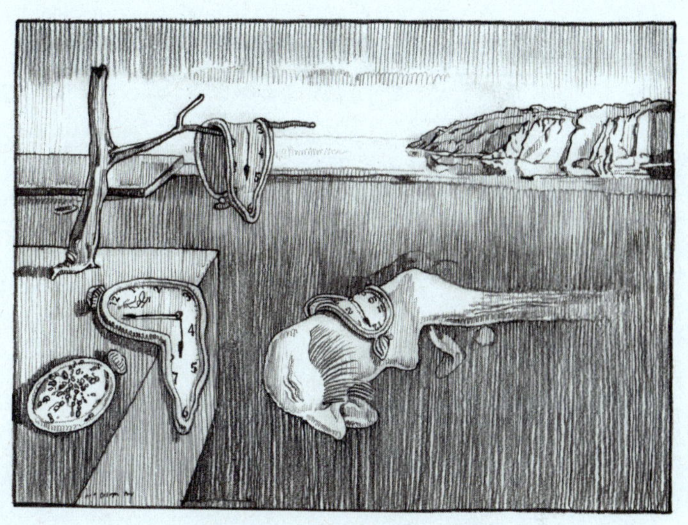

La persistencia de la memoria, 1931

imágenes de los relojes de bolsillo derretidos a menudo se interpretan como que no podemos aferrarnos al tiempo, que se derrite y se escapa. Salvador dijo que representaba un paisaje cerca de Puerto Lligat y que se inspiró en parte en el queso muy suave que él y Gala comieron la noche que comenzó a pintarlo. Aunque más tarde afirmó no entenderlo completamente, es la obra que estableció a Salvador en el mundo del arte como un verdadero surrealista y un maestro pintor.

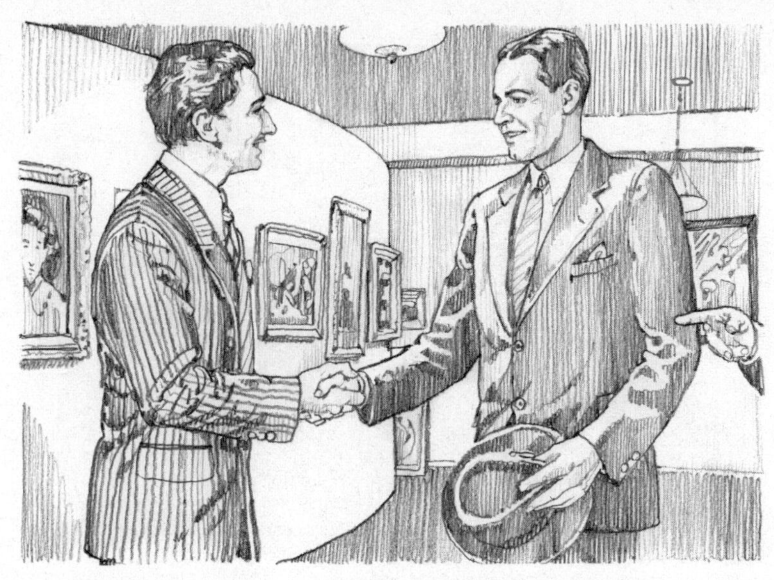

Dalí con Julien Levy

En 1932, Nueva York se convirtió en una fuente de apoyo y éxito financiero para Salvador. El comerciante de arte Julien Levy compró *La persistencia de la memoria*. Y en noviembre y diciembre de 1933, la Galería Julien Levy en esta ciudad exhibió la pintura, junto con trabajos de Picasso y otros surrealistas.

Los estadounidenses parecían listos para abrazar este nuevo estilo de arte y al artista.

CAPÍTULO 6
"Gala Dalí"

A principios de 1934, Salvador y Gala (que se había divorciado de Paul Éluard en 1929) se casaron. Pero su tiempo juntos en Puerto Lligat fue corto. El pueblo catalán se rebeló contra el gobierno español, y los recién casados temían que estallara una guerra civil. Salvador era un catalán orgulloso, y entendía por qué su pueblo deseaba ser independiente, pero también sabía que quedarse en España podía ser peligroso.

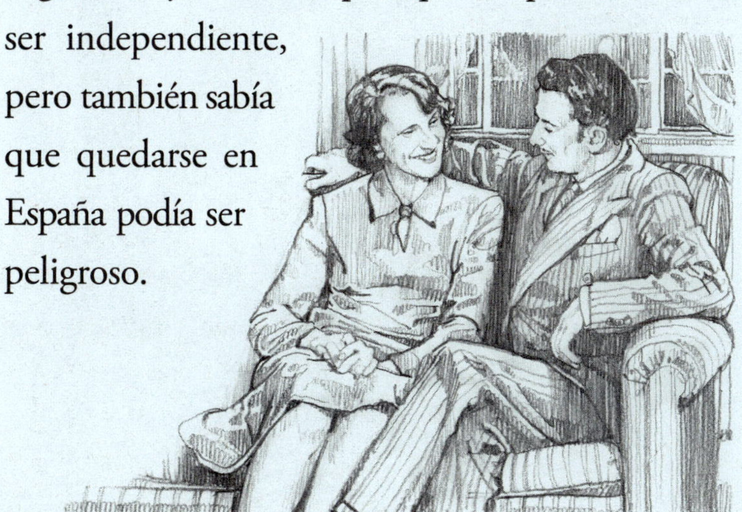

Las opiniones políticas de Salvador chocaban con las de otros artistas surrealistas, y también estaba listo para seguir adelante y probar nuevas formas de experimentar con su estilo artístico. Todavía sentía admiración por los viejos maestros de la pintura. Y estaba abierto a otras formas de arte surrealista además de esta. Le gustaba crear piezas hechas con objetos que recogía. En 1933, había creado *Busto retrospectivo de una mujer*, que era una combinación de un maniquí femenino de tienda, una barra de pan y mazorcas de maíz.

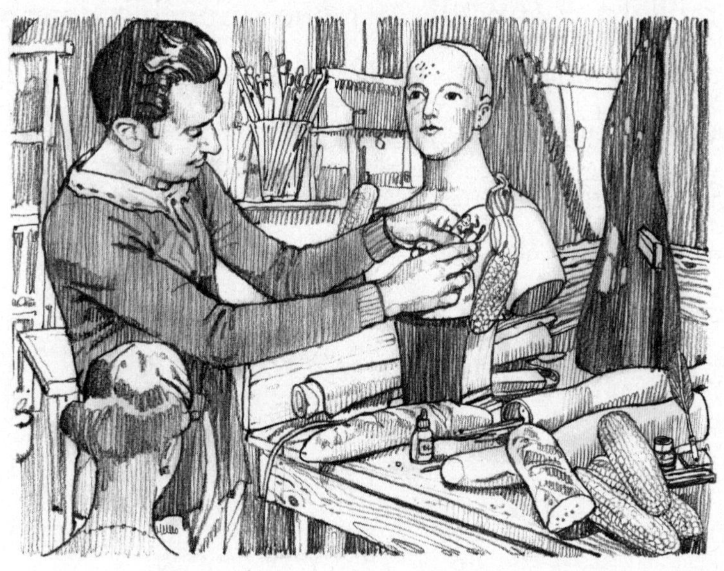

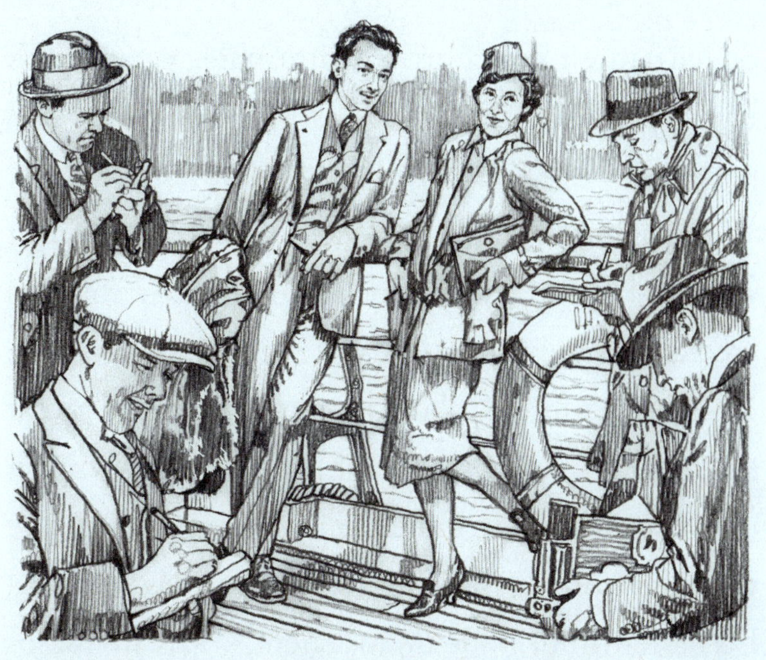

Debido a sus disgustos con el gobierno y los desacuerdos con sus amigos, Salvador y Gala se fueron a Francia. Al llegar allí tenían poco dinero, así que Pablo Picasso les dio lo suficiente para que viajaran a los EE. UU. En noviembre de 1934, la pareja navegó a la ciudad de Nueva York. Salvador dio su primera entrevista con periodistas estadounidenses incluso antes de abandonar el barco. Ellos creían que él, y sus pinturas, eran deliciosamente excéntricos (inusuales y extrañas). La llegada de Salvador estaba en todos los periódicos de Nueva York al día siguiente.

Mientras estuvo en los EE. UU., Salvador vendió 12 pinturas y dio 5 conferencias sobre el creciente movimiento del surrealismo. En enero de 1935, Salvador y Gala se preparaban para regresar a Europa. El día antes de irse, los Dalí organizaron un baile elegante y pidieron a sus invitados que se vistieran como estaban en su sueño más reciente. Lo llamaron el Baile de los sueños. Los invitados debían pagar su cena y su bebida. Salvador se vistió como un cadáver, y Gala llevaba un tocado negro que sostenía una muñeca herida cubierta de hormigas.

Esta vez, los reporteros de Nueva York escribieron sobre lo que llevaba puesto Dalí y la escandalosa fiesta dada por la pareja. Y la prensa internacional también recogió la historia. Ahora, para el mundo entero, el nombre Salvador Dalí y el estilo artístico surrealista estuvieron vinculados para siempre.

Ya Gala no era solo su esposa, sino también su modelo, su representante y la persona más importante en su vida. Se sentía tan cercano a Gala que incluso comenzó a firmar algunas de sus obras como "Gala-Dalí" como si fueran una sola persona.

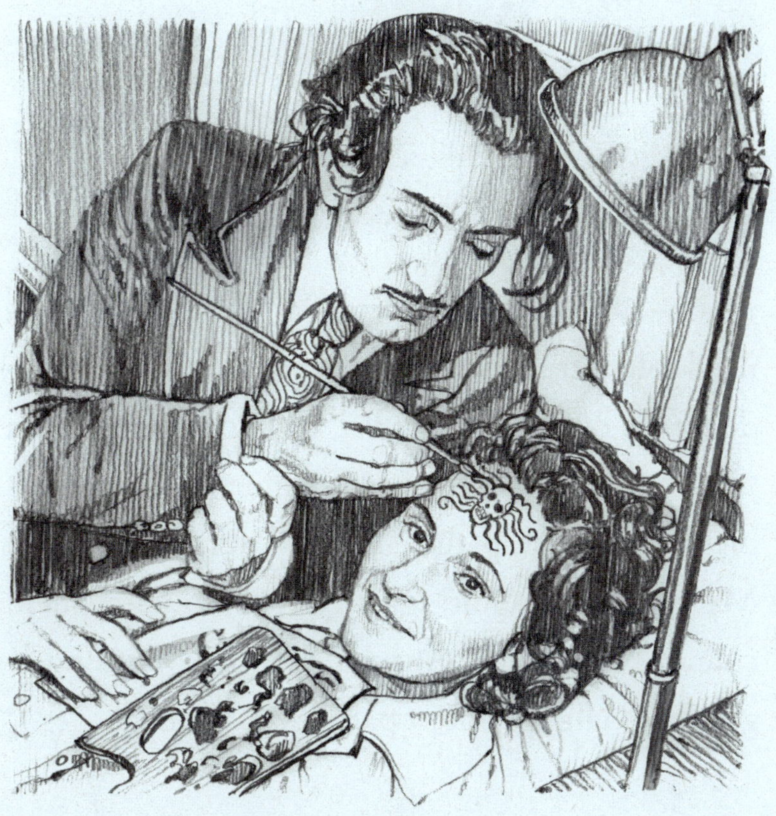

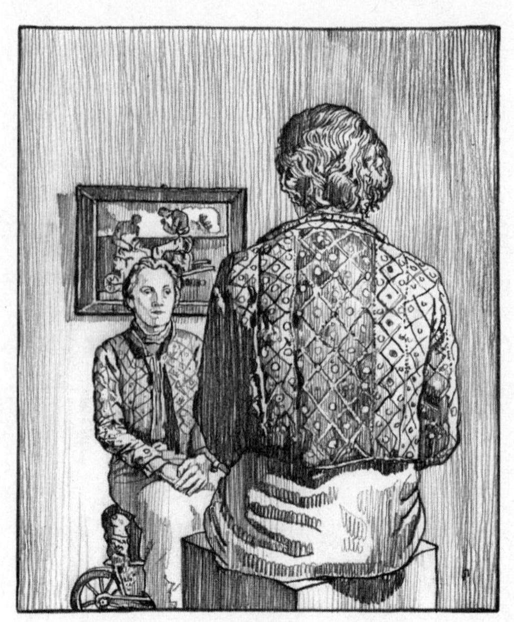

El Ángelus de Gala, 1935

En 1935, Salvador pintó *El Ángelus de Gala*, un doble retrato en el que se ve a su esposa tanto de frente como de espaldas. Cuando regresaron a Cadaqués, Salvador y Gala recibieron una cálida bienvenida del padre de Salvador. Pero Anna María no los recibió igual, y escupió en el suelo cuando vio a Gala. Aunque a Anna María no le gustara, Gala era ahora parte de la familia.

CAPÍTULO 7
Arte de colección

En su estancia en Cadaqués, Salvador pintó un retrato surrealista de una actriz estadounidense, titulado *El retrato de Mae West que puede utilizarse como apartamento*. Esta obra, junto con *La persistencia de la memoria*, lo definió como un artista de clase mundial, y su fama siguió creciendo.

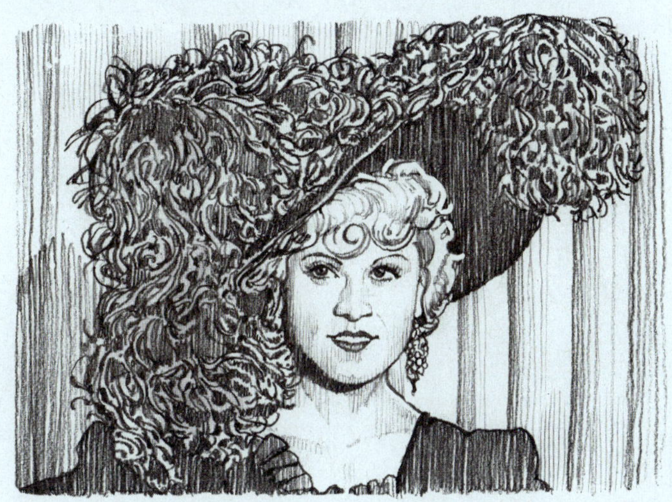

Mae West

Él y Gala viajaban gran parte del tiempo, visitando amigos en diferentes ciudades europeas.

En enero de 1936, Salvador dio una conferencia en París acompañado por una anciana que llevaba una tortilla en la cabeza. Cuando terminó de hablar, la anciana vertió leche en sus pies. Parecía como si nada fuera demasiado surrealista, demasiado onírico, para este surrealista.

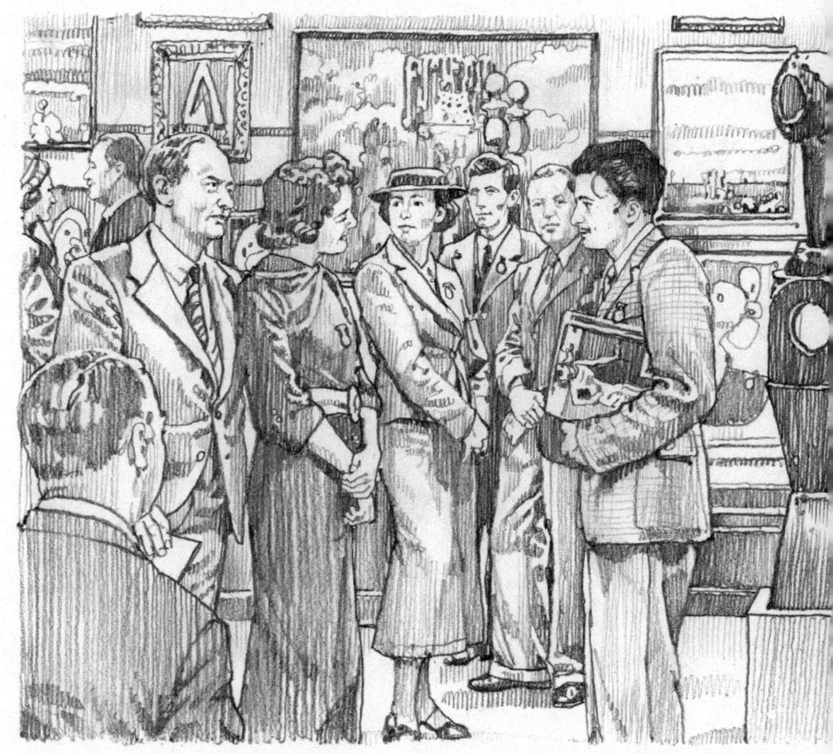

En junio, Salvador y Gala asistieron a la primera muestra surrealista internacional en Londres. La Exposición Surrealista Internacional se celebró en las New Burlington Galleries. Se expusieron pinturas de Klee, Picasso, Miró, Man Ray y otros. La exhibición fue un gran éxito. "El surrealismo se está imponiendo maravillosamente en Londres", escribió Salvador.

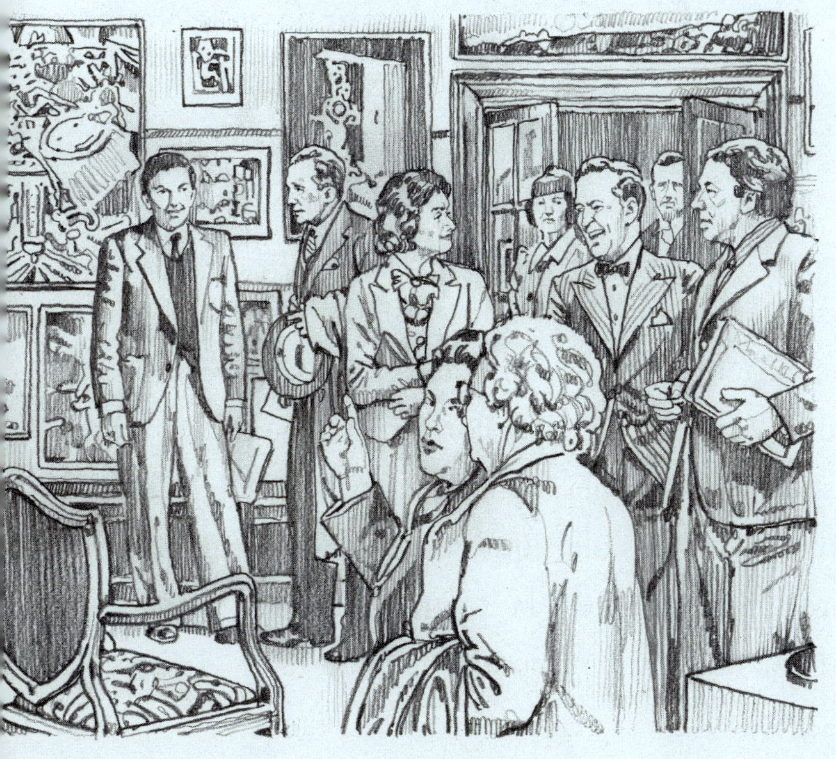

Mientras estaban en Londres, los Dalí se quedaron en la casa del poeta Edward James. Salvador le regaló a su anfitrión, que era un coleccionista de arte, uno de los objetos surrealistas más famosos jamás hechos: *El teléfono langosta*. Se basó en un dibujo que Salvador había hecho para

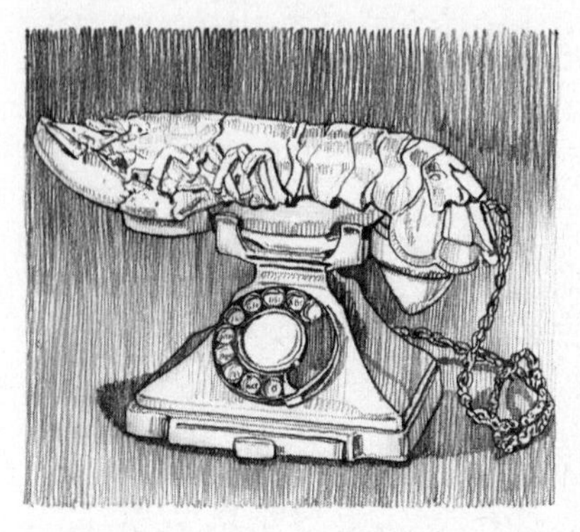

la revista *American Weekly*, y se construyó a partir de un teléfono negro de disco con la forma de una langosta de yeso cocida arriba.

Un mes después, Salvador dio una conferencia vistiendo un pesado traje de buzo. Llevaba dos perros lobo rusos, atados con una correa. Hizo una entrada espectacular. Quería mostrar, de la manera más surrealista posible, que estaba "sumergiéndose profundamente en la mente humana" durante su charla. Pero no podía respirar con el casco de metal. Después de unos momentos tensos, fue rescatado por un trabajador que lo ayudó a quitárselo.

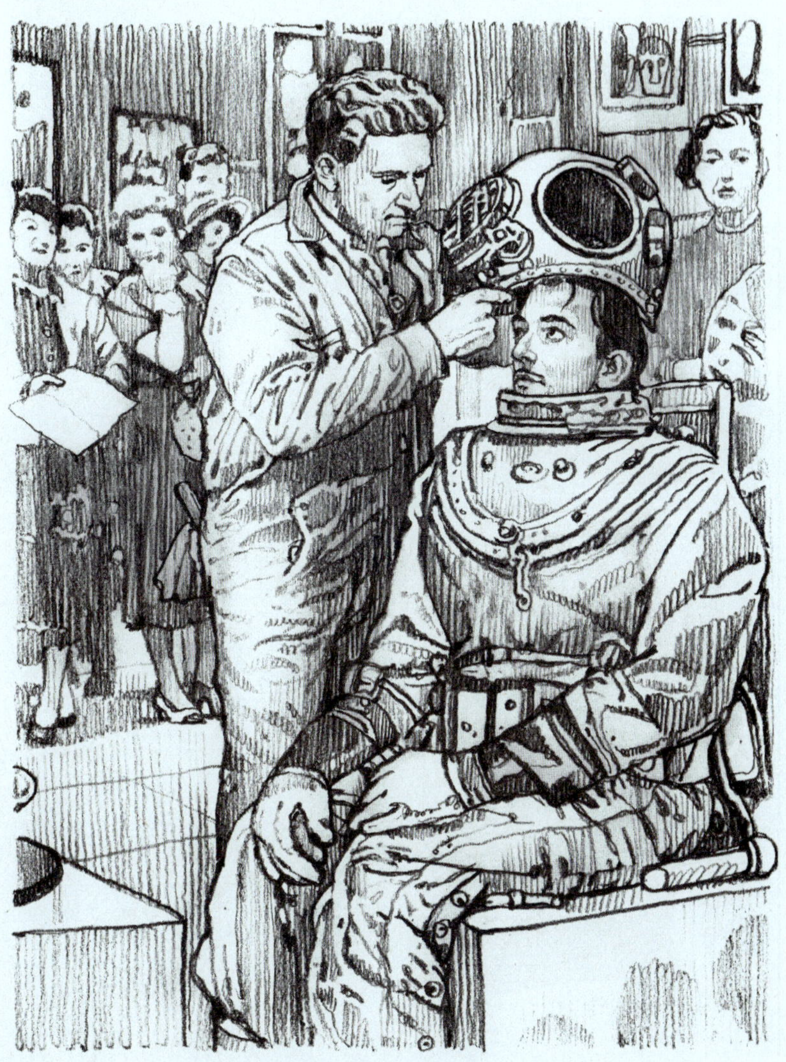

La historia y las fotos de Salvador con el traje de buceo lo hicieron más famoso aún. Se acostumbró a estar en las noticias y a ser fotografiado. Comenzaba a entender el valor de su trabajo. Y Gala y él se estaban convirtiendo en una pareja poderosa en el mundo del arte. Se vestían a la moda con ropa cara y comían en restaurantes de lujo. Y estaban listos para hacer otro viaje a Nueva York.

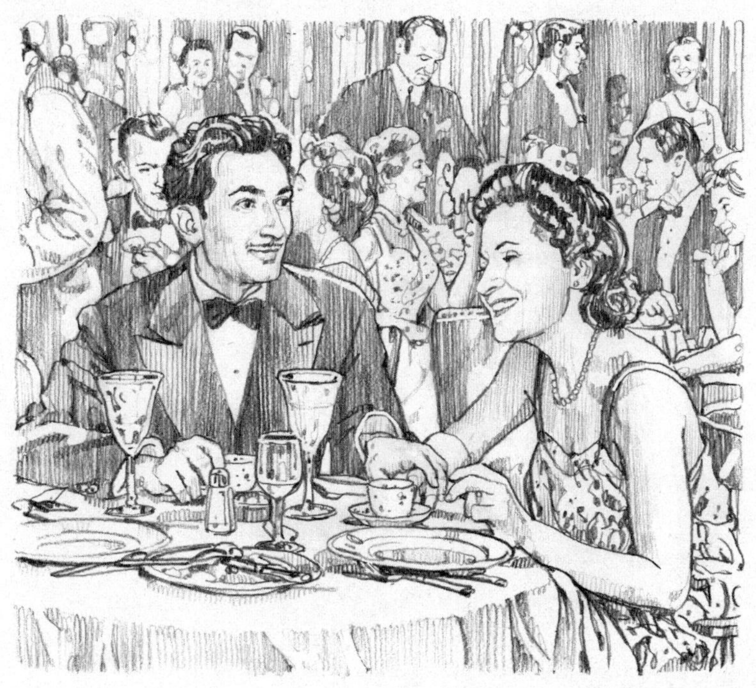

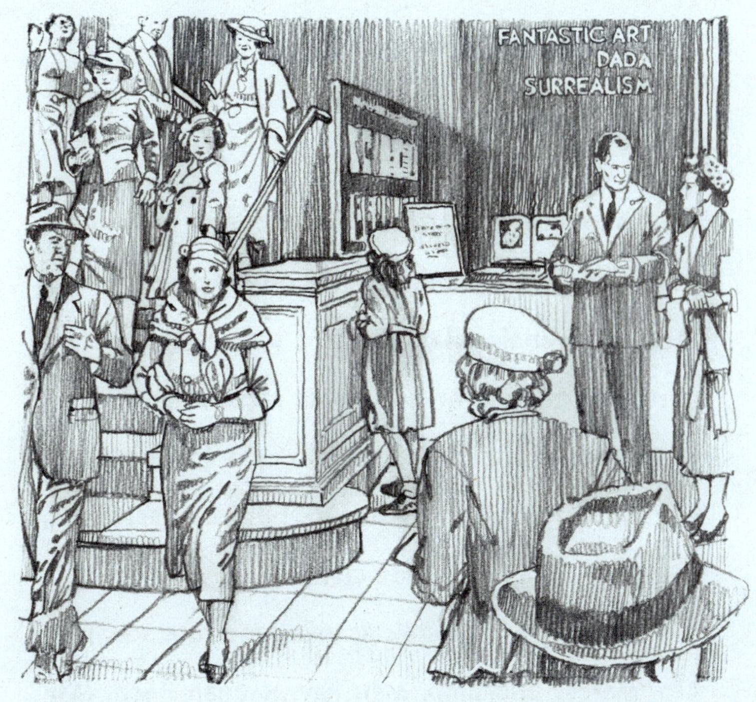

A finales de 1936, el Museo de Arte Moderno (MoMA) presentó una exposición llamada *Arte fantástico, dadaísmo, surrealismo*. Hubo reacciones encontradas entre los artistas incluidos en la misma. Aunque el dadaísmo había influido en los surrealistas, los dadaístas pensaban que su arte no debía mostrarse junto con el arte surrealista. Y algunos de los surrealistas pensaban lo mismo.

Dadaísmo

El movimiento Dada se desarrolló en la primera parte del siglo XX por artistas que rechazaban las ideas convencionales del arte y querían que las personas que vieran sus obras reconsideraran los elementos e ideas del mundo que los rodeaba. Los dadaístas eran pintores, poetas, escritores, escultores y creadores de *collages*.

Algunos de los dadaístas más conocidos son: Jean Arp, Marcel Duchamp, Man Ray, Hannah Höch, Max Ernst, Tristan Tzara y Beatrice Wood. En muchos sentidos, su arte desafió lo que era el concepto de "arte" y lo que podría ser. Una de las piezas más famosas del arte dadaísta es el urinario titulado *Fuente* de Marcel Duchamp de 1917.

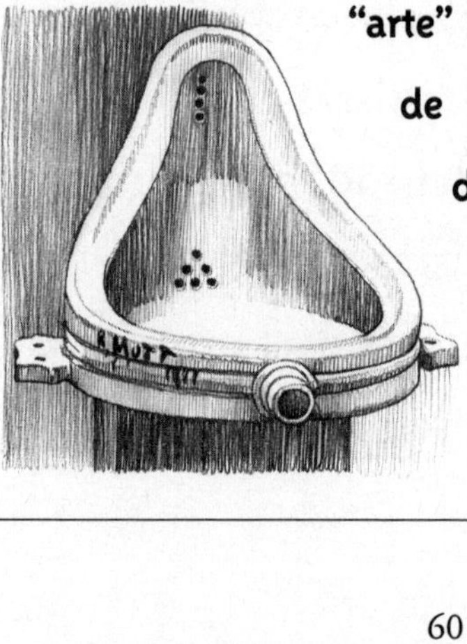

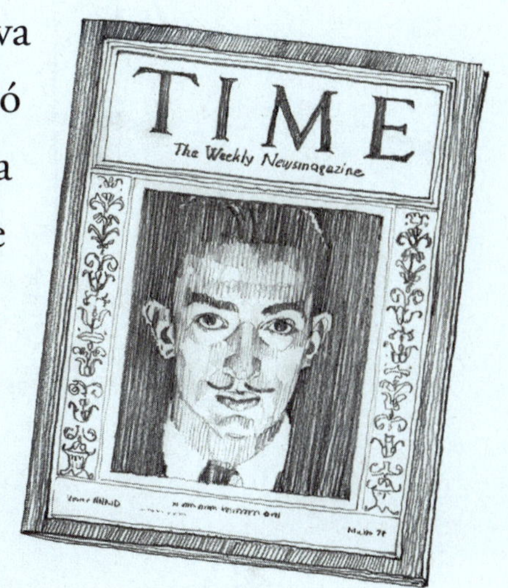

Estando en Nueva York, Salvador apareció en la portada de la revista *TIME,* el 14 de diciembre de 1936. El artículo afirmó que "el surrealismo nunca hubiera despertado interés en los EE. UU. si no hubiera sido por un apuesto catalán de 32 años, voz suave y bigote recortado de estrella de cine: Salvador Dalí". Aparecer en la portada de una importante revista estadounidense fue un gran logro.

Salvador terminó el año con motivos para celebrar. Pero en España, las cosas no eran muy divertidas. La Guerra Civil Española había comenzado. El gobierno había sido derrocado por Francisco Franco, un dictador que gobernaría España hasta 1975.

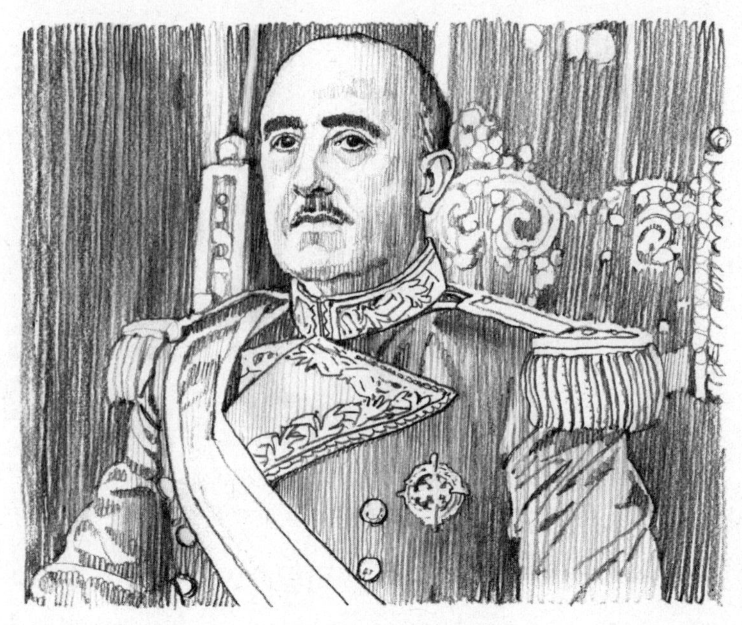

Francisco Franco

Durante los siguientes 3 años, Figueres se convertiría en la ciudad más bombardeada de Cataluña. Federico García Lorca, su querido amigo, había sido asesinado. La casa de la familia Dalí en Cadaqués fue alcanzada por una bomba, y la casa de Salvador y Gala en Puerto Lligat fue destruida. En 1937, Salvador y Gala se quedaron en los EE. UU. y se dirigieron al oeste de

California. Fueron a Hollywood, un barrio de la ciudad de Los Ángeles, que es conocido como el hogar de la industria cinematográfica en Estados Unidos.

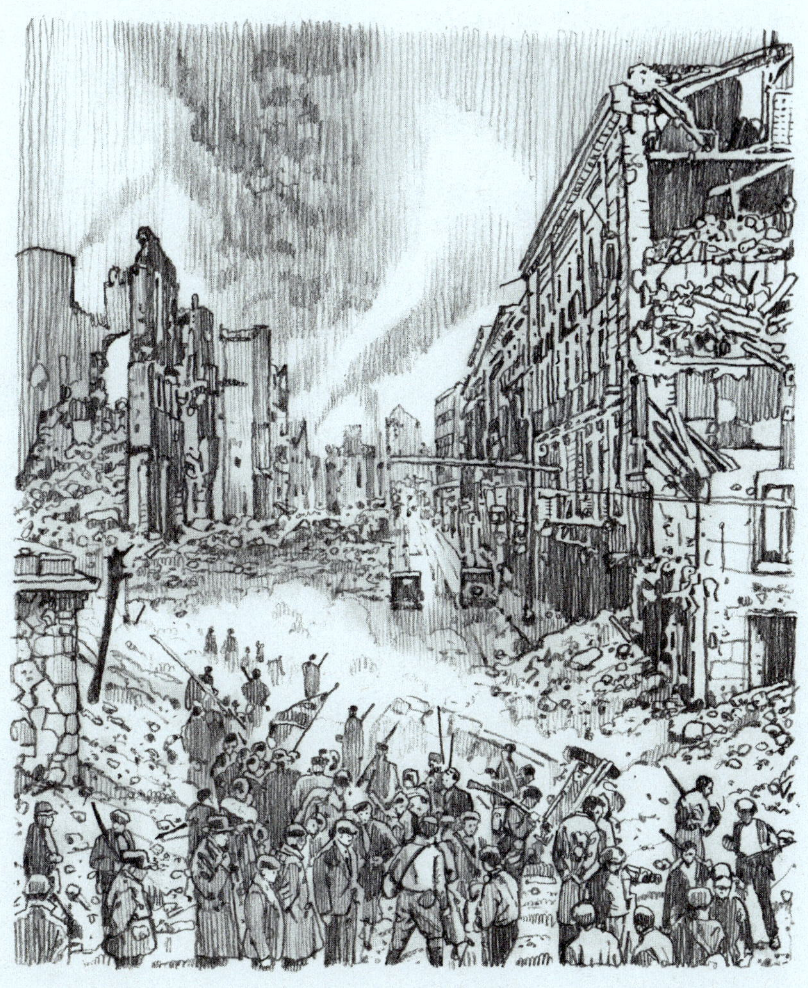

Tanto Salvador como Gala disfrutaron de su tiempo en Hollywood. Pensaban que la ciudad estaba llena de surrealistas: personas glamorosas que trabajaban para hacer realidad los sueños. Les encantaba conocer a actores y directores famosos. Y Salvador hizo contactos importantes en el negocio del cine. Durante este tiempo, también comenzó a escribir para revistas de moda como *Harper's Bazaar* y *Vogue*. Parecía que los estadounidenses estaban interesados en las ideas del artista español en todos los campos creativos.

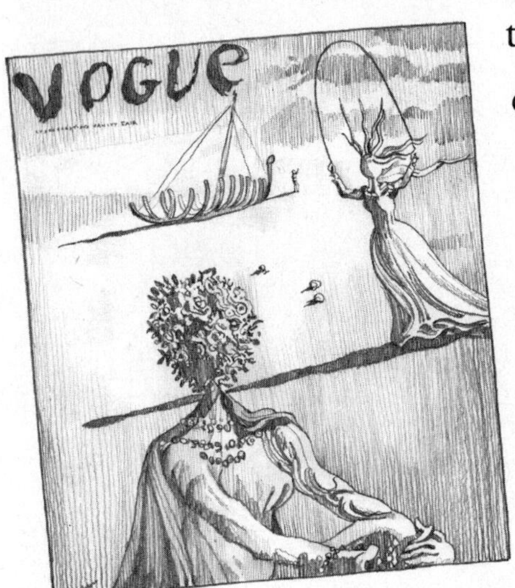

CAPÍTULO 8
La celebridad

Salvador y Gala regresaron a Europa para asistir a la Exposición Surrealista Internacional en enero de 1938. La muestra se presentó en París y contó con más de 300 pinturas, dibujos, esculturas, objetos encontrados y fotografías de 60 artistas famosos y otros menos conocidos.

Para la exposición, Salvador presentó una instalación llamada *El taxi lluvioso*. Una instalación de arte es un diseño creativo o estructura que transforma el espacio en el que se encuentra. El taxi de Salvador estaba rodeado de plantas y vegetación. Estaba lleno de caracoles vivos. Y, ocasionalmente, el agua caía como lluvia dentro del vehículo. Fue uno de los principales atractivos de la Exposición Internacional Surrealista y mostró cuánto había cambiado el arte de Salvador desde sus primeros años.

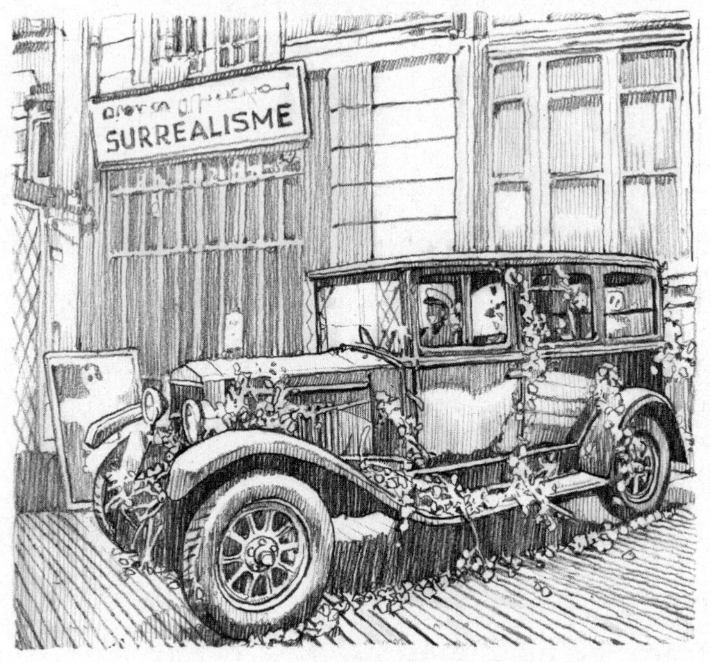

A principios de 1938, el famoso médico Sigmund Freud había abandonado Austria debido a la creciente amenaza del gobierno nazi para los judíos que vivían allí. Freud es el fundador del psicoanálisis, un tipo de terapia que trata la mente inconsciente. Era conocido por el análisis de los sueños de sus pacientes. En julio, un amigo lo invitó a reunirse con Salvador en Londres. Al igual que los otros surrealistas, Salvador admiraba al Dr. Freud. Y ahora el hombre que pintaba los sueños iba a encontrarse con el hombre que los estudiaba e interpretaba.

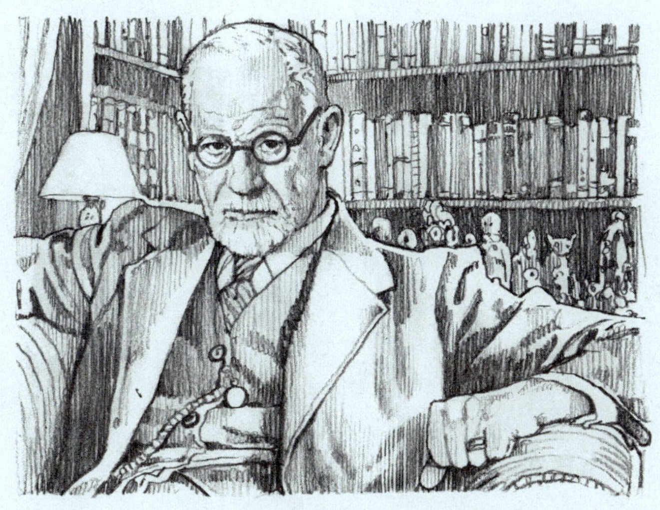

Sigmund Freud

El Dr. Freud hablaba mientras Salvador dibujaba. Hasta entonces, Freud pensaba que los surrealistas eran un grupo de artistas tontos.

Pero al conocer a Salvador cambió de opinión. Admiraba la energía de Salvador y sus habilidades para el dibujo. Esto hizo muy feliz a Salvador.

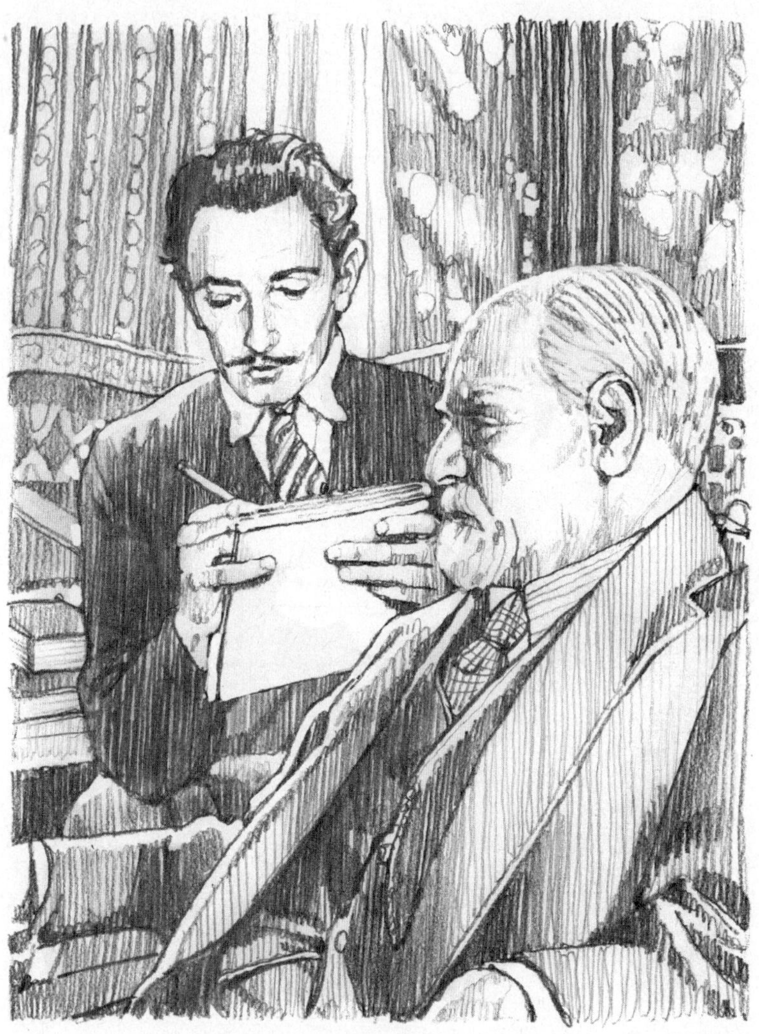

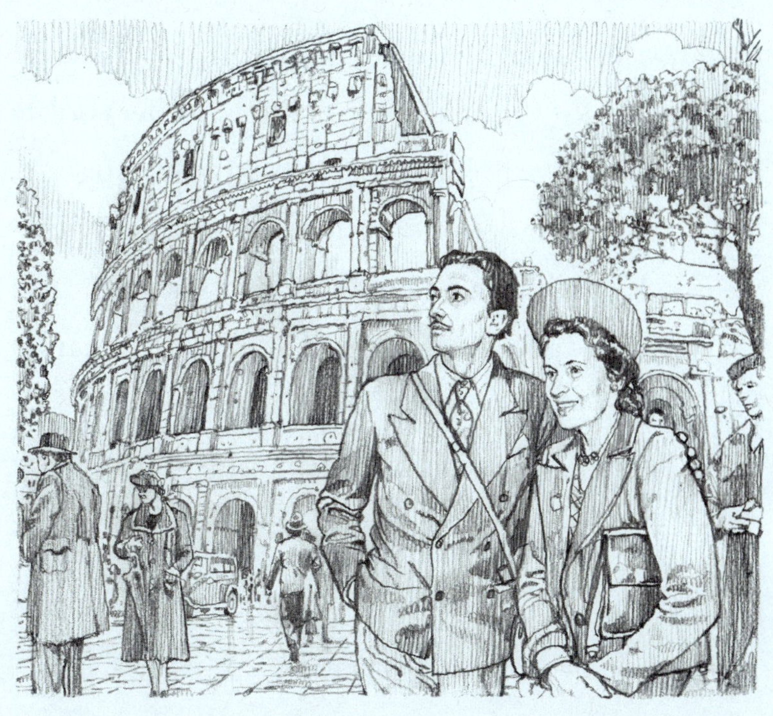

Después de dejar Londres, Salvador y Gala pasaron el resto del año en Italia, donde él estudió el arte creado durante el Renacimiento italiano. Examinó de cerca y esbozó obras de arte clásicas y las de los artistas renacentistas más famosos. Quería aprender todo lo que pudiera sobre la historia del arte italiano. Salvador tomó sus viajes a museos, iglesias y ruinas arqueológicas italianas (edificios y artículos de la antigüedad) muy en serio. Quería saber cuanto pudiera sobre la historia del arte italiano. A lo largo de su vida, Salvador nunca dejó de estudiar historia del arte.

En 1939, Salvador y Gala embarcaron otra vez hacia la ciudad de Nueva York. La demanda del trabajo de Salvador crecía en los EE. UU. Poco después de llegar, le pidieron que diseñara un escaparate surrealista para la famosa tienda Bonwit Teller de la ciudad de Nueva York. Sus

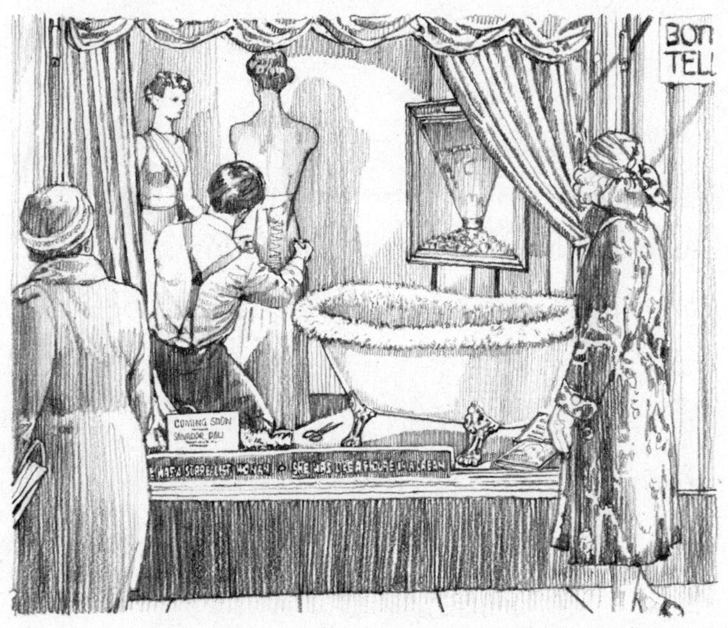

temas para las dos grandes vidrieras eran el día y la noche. Pero cuando reorganizaron las escenas de una forma que no le gustó, las volvió a colocar como las había diseñado. Accidentalmente, rompió la vidriera, y puso en peligro a los que desde la acera miraban su trabajo. Salvador pasó la noche en la cárcel por el daño que había causado, y todos los periódicos de Nueva York informaron sobre lo sucedido al artista.

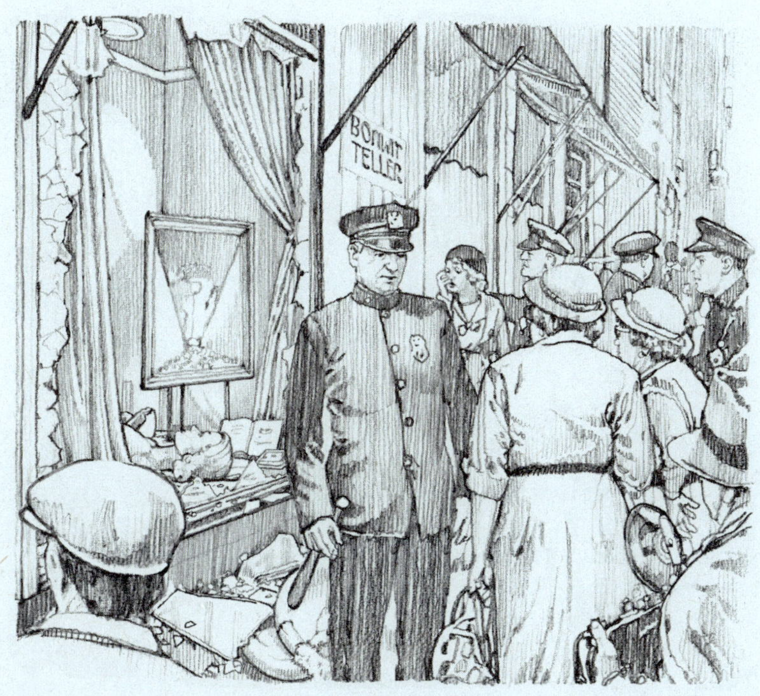

De vuelta en París, los otros artistas surrealistas estaban horrorizados por su comportamiento y la publicidad negativa que causó. Pensaban que a Salvador le interesaba más crear conmoción y enojo que tomar su trabajo en serio. Pero las noticias funcionaron a favor de Salvador. Se hizo más conocido que nunca. Durante su exposición en

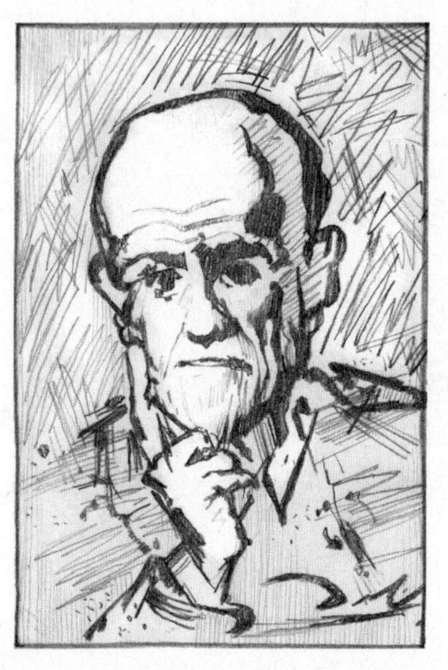

la Galería Julien Levy unos días después del desastre en los grandes almacenes, casi todas sus pinturas (incluido el *Retrato del Doctor Freud*) se vendieron por más de $25 000. Eso equivale a casi $500 000 hoy. A los 34 años, Salvador era uno de los pintores jóvenes más ricos del mundo.

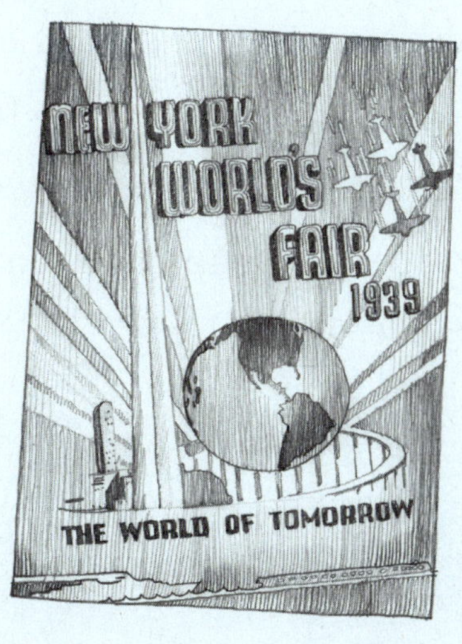

Más tarde ese año, le pidieron a Salvador que diseñara un pabellón, un pequeño edificio decorativo, en la Feria Mundial de Queens, Nueva York. El tema de la feria era "el mundo del mañana", y organizaciones y empresas de todo el mundo montaron exhibiciones sobre cómo pensaban que podría ser el futuro. El pabellón surrealista de Salvador incluía una cueva de ensueño de piscinas, sirenas y criaturas submarinas. La caseta tenía la forma de una cabeza de pez gigante.

Todos los pabellones se centraban en las nuevas tecnologías: aire acondicionado, fotografía en color, etc. excepto el *Sueño de Venus* y el propio Salvador, que no encajaban en la temática.

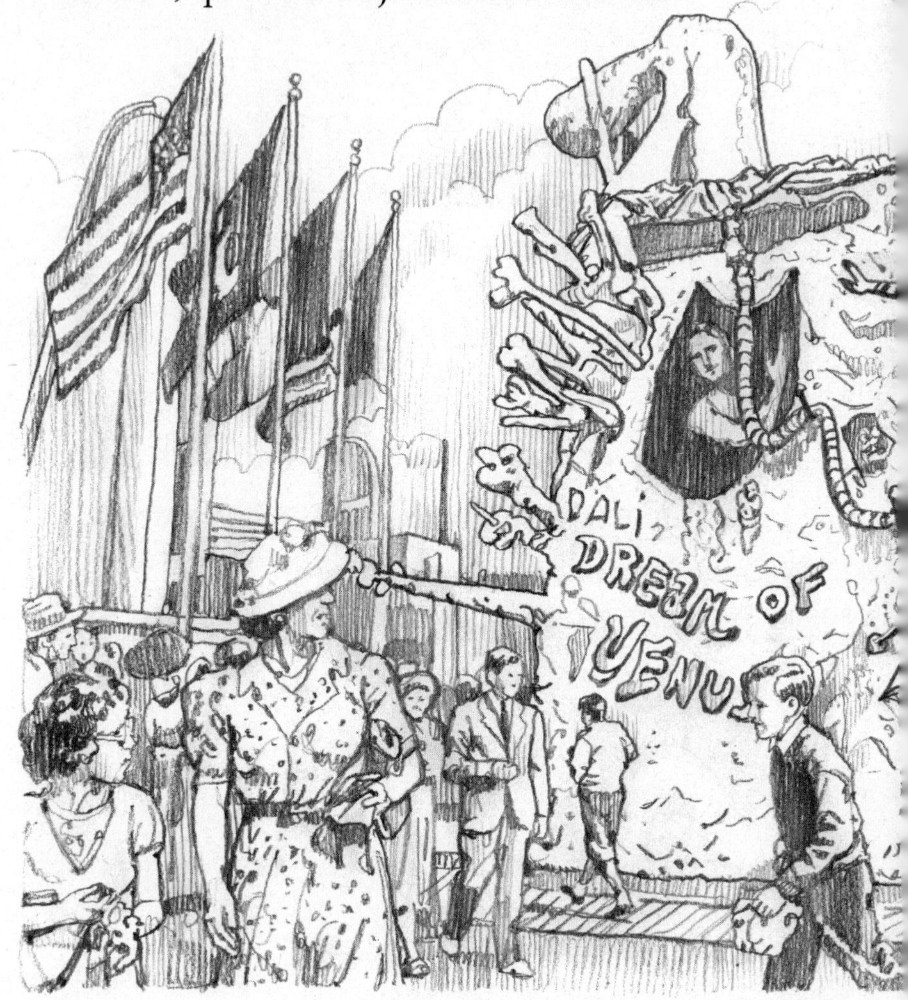

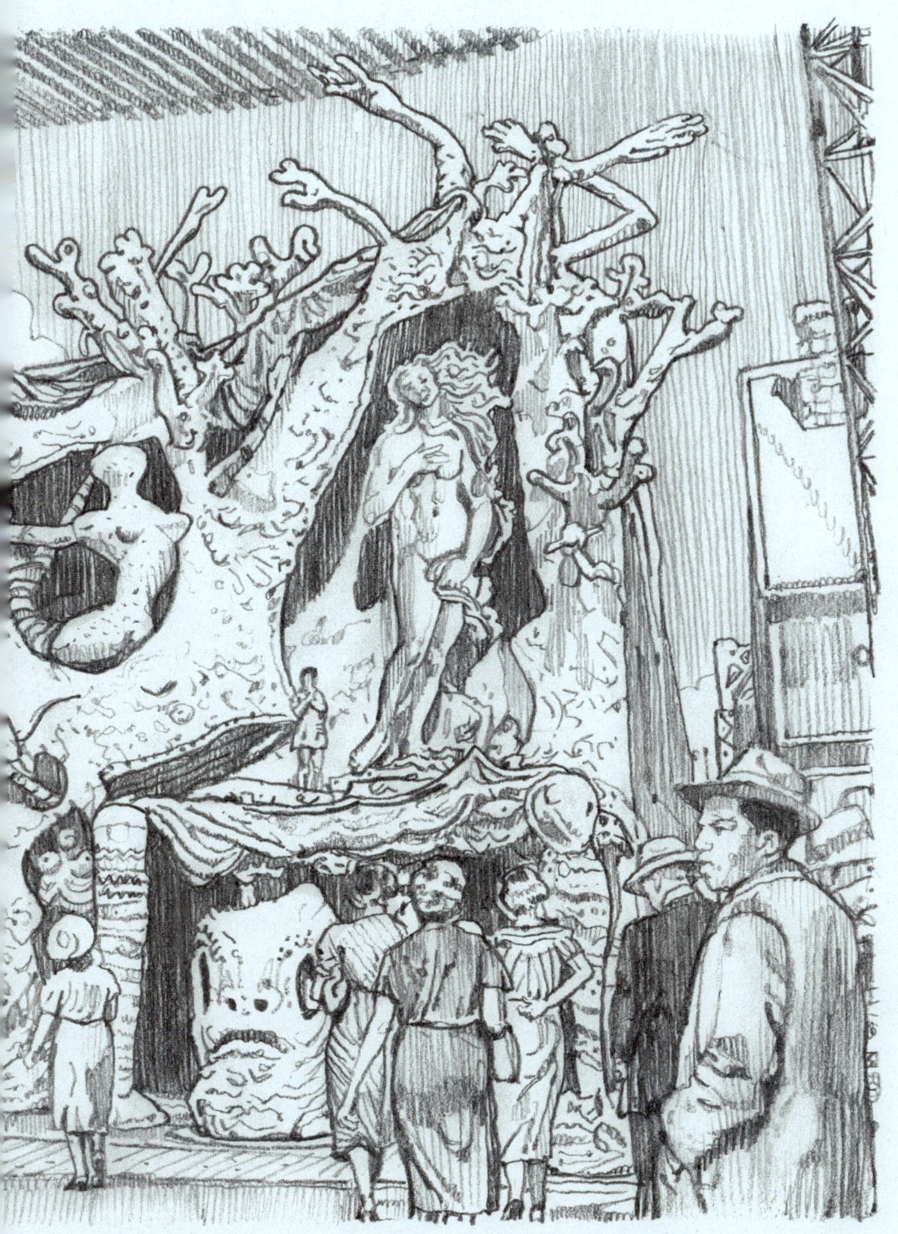

El Renacimiento italiano

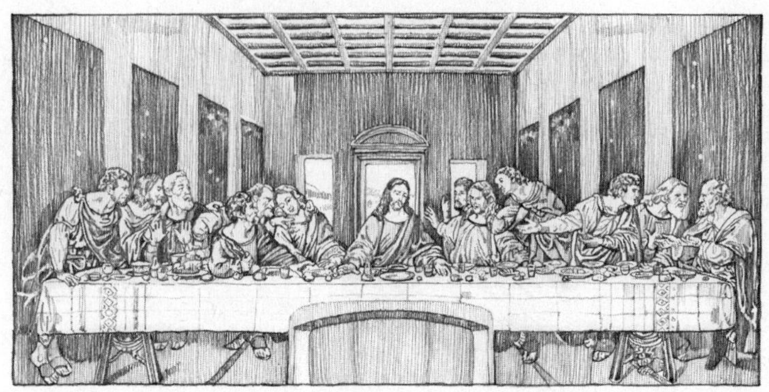

La última cena de Leonardo da Vinci

El período de la historia italiana que unió la Edad Media con el mundo moderno durante los siglos XV y XVI se llama Renacimiento italiano. La palabra *renaissance* es francesa, y significa "renacimiento". Esta fue una época de exploración, nuevas ideas y un gran cambio en el descubrimiento científico y el desarrollo artístico.

En el arte, marcó un retorno a un estilo más natural, a veces llamado el "clásico". Miguel Ángel y

Leonardo da Vinci se encuentran entre los personajes más célebres del período del Renacimiento porque eran expertos en muchas áreas, incluida la pintura, la escultura y la arquitectura (la construcción de edificios). La escultura del *David* de Miguel Ángel y la pintura de Leonardo da Vinci *La última cena* son dos de las obras más famosas del Renacimiento italiano.

Fue durante un corto viaje de regreso a Francia que Salvador comenzó a comprender el valor de su nombre y su trabajo como "marca" (incluso diseñando frascos de perfume, trajes y joyas). Fue expulsado del grupo surrealista en la época en que pintó *El enigma de Hitler*. Dijo que simplemente se basaba en un sueño. Pero los surrealistas pensaron que era vergonzoso pintar al dictador alemán, incluso en una imagen pequeña como parte de una pintura más grande. André Breton apodó a Salvador "*Avida Dollars*". Este es un anagrama (un reordenamiento de letras en una palabra para formar otra) del nombre Salvador Dalí. Quiere decir "ansioso por los dólares". Breton pensaba que Salvador crearía cualquier

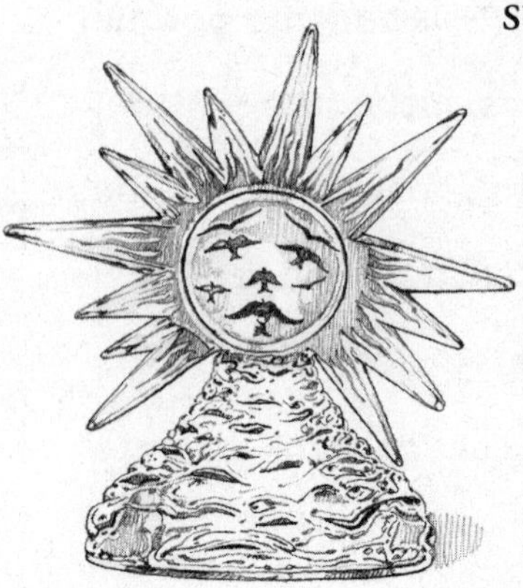

Uno de los diseños de frascos de perfume de Dalí

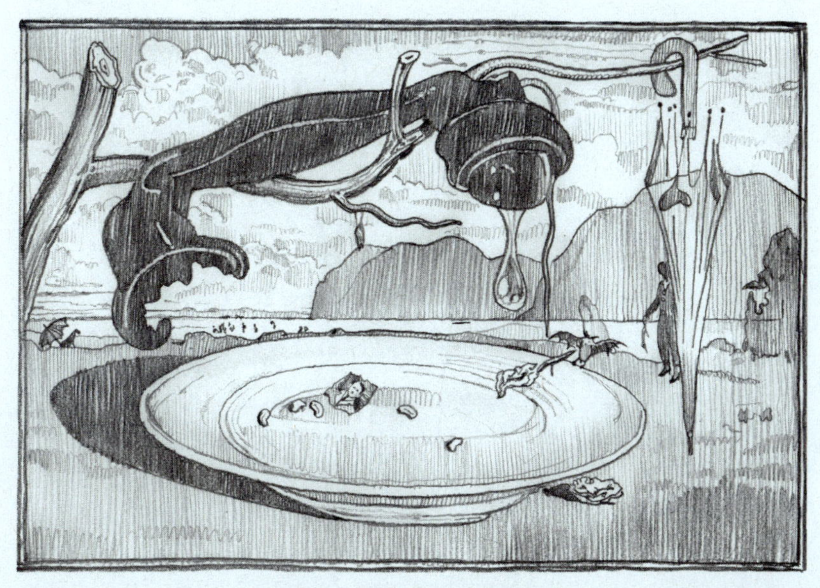

El enigma de Hitler, 1939

cosa por dinero. Y aunque no se sintió ofendido, sabía que sus días con el grupo surrealista habían terminado.

En septiembre de 1939, la Alemania nazi, bajo el liderazgo de Adolf Hitler, invadió Polonia. El Partido Nazi consideraba a los alemanes como una "raza superior" (superiores a todos los demás) y quería formar un vasto imperio en Europa del Este.

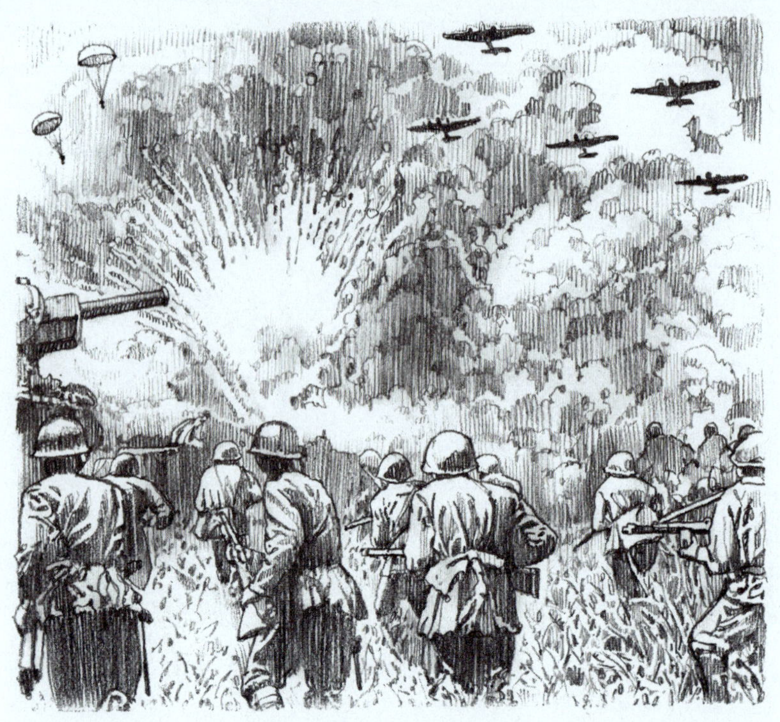

Así comenzó la Segunda Guerra Mundial, la guerra más mortífera de la historia, que se libró entre las potencias del Eje (Alemania, Italia y Japón) y los Aliados (liderados por Francia, Gran Bretaña, la Unión Soviética y los EE. UU.). Europa ya no era segura. En 1940, Salvador y Gala una vez más dejaron Francia para ir a los EE. UU., donde vivirían durante los próximos 8 años.

CAPÍTULO 9
El exilio estadounidense

Ya en Nueva York, Salvador estaba listo para un nuevo comienzo. Se dejó crecer el bigote para jorobarle las puntas. En un autorretrato de 1941 llamado *Soft Self-Portrait with Grilled Bacon,* el

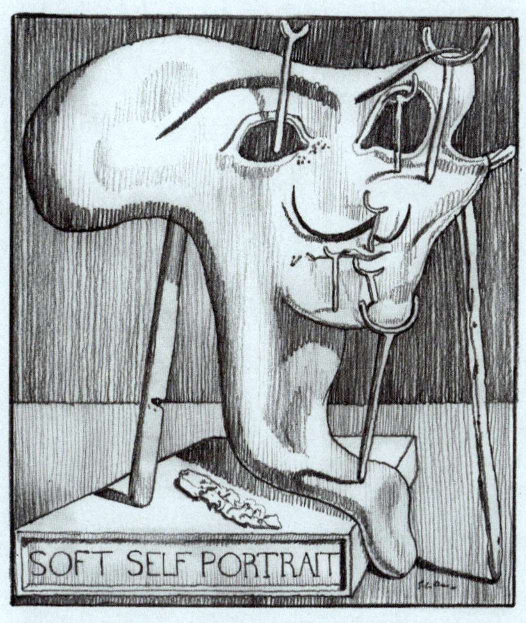

Soft Self-Portrait with Grilled Bacon, 1941

bigote está exagerado y le llega casi hasta los ojos. Salvador dijo más tarde que el bigote representaba cómo quería ser visto en ese momento: viviendo una nueva vida en Estados Unidos y queriendo ser inconfundible. La pintura mostraba el futuro: la persona en la que se estaba convirtiendo y el bigote que aún no tenía.

En 1941, el *Museo de Arte Moderno* dedicó una gran muestra a las pinturas de Salvador junto con las del pintor español Joan Miró. El catálogo del MoMA para la muestra decía que el trabajo de Salvador era "significativo en [un] sentido histórico". La revista *Art Digest* escribió: "Dalí se roba el *show*". La exposición viajó a otras 8 ciudades del país y aseguró la reputación de Salvador como un artista que merecía toda la atención del público. Salvador se hizo aún más famoso. Diseñó decorados para dos *ballets* en el *Metropolitan Opera*. Escribió la historia de su vida: *La vida secreta de Salvador Dalí*, que estaba llena de historias inventadas. Y proclamó que había terminado con el surrealismo.

Mientras pasaba un tiempo en California,

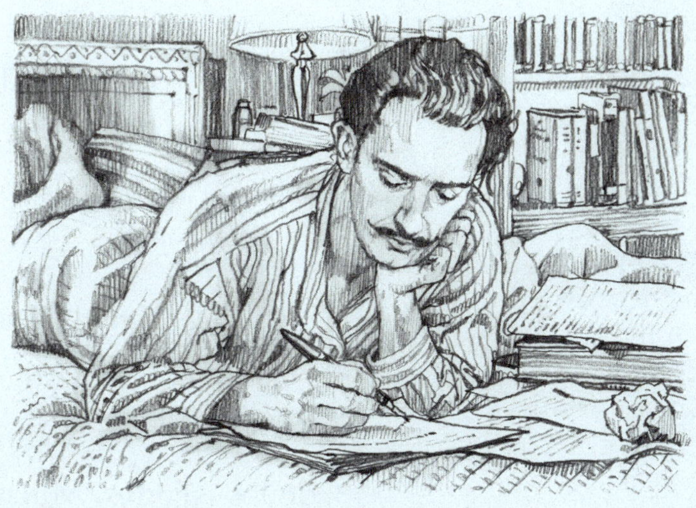

Salvador colaboró con el cineasta y empresario Walt Disney para crear un cortometraje animado llamado *Destino*. Aunque trabajó durante meses para diseñar el arte de la película, no se completó, y Disney pasó a otros proyectos. En 1944, trabajó con Alfred Hitchcock en la película *Spellbound*, sobre un hombre que ha perdido la memoria. El director quería que Salvador diseñara partes de la película

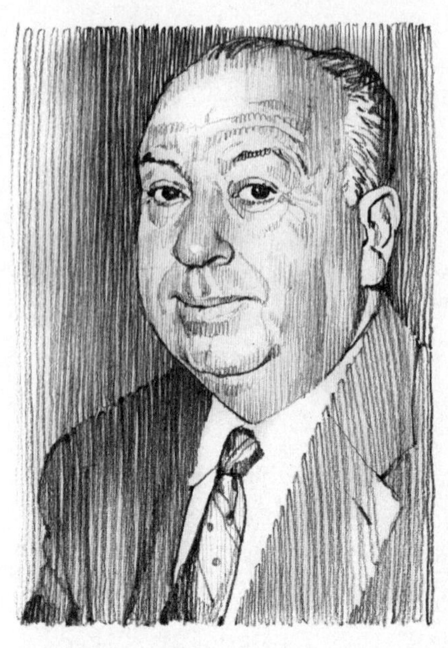

Alfred Hitchcock

que mostraran los sueños del personaje. Hitchcock dijo: "para mí, Dalí era el mejor para hacer los sueños… y esa fue la razón por la que tuve a Dalí".

La Segunda Guerra Mundial terminó en 1945 con la victoria de los Aliados. Muchas partes de Europa sufrieron grandes daños debido a los combates. La gente comenzó la difícil tarea de reconstruir sus vidas después de tanta muerte y perturbación. Salvador había estado a salvo en los EE. UU., pero era hora de poner fin a su "exilio estadounidense".

En 1948, él y Gala regresaron a España. Salvador tenía 44 años. Su pintura se volvió mucho más

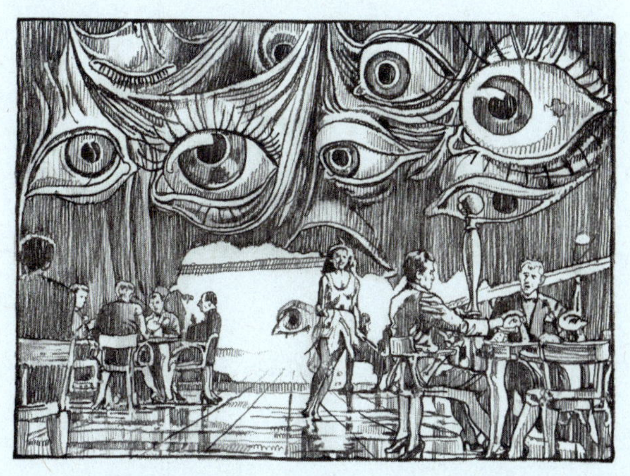

Trabajo de Dalí en la película *Spellbound*

espiritual y a veces mágica. Influenciado por el tiempo que había pasado en Italia años antes, Salvador volvió a pintar en el estilo clásico y se inspiró en imágenes dentro de la religión católica. Él dijo: "Ser un surrealista para siempre es como pasar tu vida pintando solamente ojos y narices". Fue durante este tiempo que pintó *Madonna de Puerto Lligat*, su primera pintura religiosa importante. Gala se hizo pasar por la Virgen, madre del niño Jesús.

CAPÍTULO 10
El Dalí cósmico

En 1949, la hermana de Salvador, Anna María, escribió un libro, *Salvador Dalí visto por su hermana*, que enfureció mucho al famoso pintor. Debido a que sintió que Anna María había sido irrespetuosa con Gala en su libro, dejó de hablarle a su hermana, y también a su padre. Salvador se acercó aún más a su esposa. Más tarde ese año, le hizo una visita privada al Papa Pío XII, el líder de la Iglesia Católica. Este fue un momento muy importante para Salvador. Ahora estaba introduciendo más imágenes católicas en sus pinturas. Y quería hablar de su matrimonio con Gala. Era su deseo casarse con ella por la Iglesia, y quería el permiso del Papa.

Además de los temas religiosos y espirituales

que ya había estado pintando, Salvador se interesó mucho por la ciencia y la historia. Ahora comenzó a hacer pinturas muy grandes de escenas históricas.

Cuando su padre murió en 1950, Salvador se enteró de que no estaba incluido en el testamento. Un testamento es un documento legal que explica lo que una persona quiere que suceda con ella y con sus bienes cuando muera. Salvador enfrentó procesos legales para sacar sus pinturas y dibujos de la casa de su padre. Pero al año siguiente, pintó una de sus obras más memorables, *Cristo de San Juan de la Cruz.* La crucifixión de Jesús es una imagen popular en el arte cristiano. Pero la pintura de Salvador refleja su propio estilo y calidad onírica. La figura de Jesús se ve desde lo alto de la cruz, mirando hacia abajo. La parte inferior incluye barcos de pesca amarrados en su amado Puerto Lligat. Aunque dijo que la idea se le ocurrió en un sueño, la pintura muestra claramente la influencia de la obra *Cristo crucificado,* de Diego Velázquez.

Menos de 5 años después, Salvador pintó

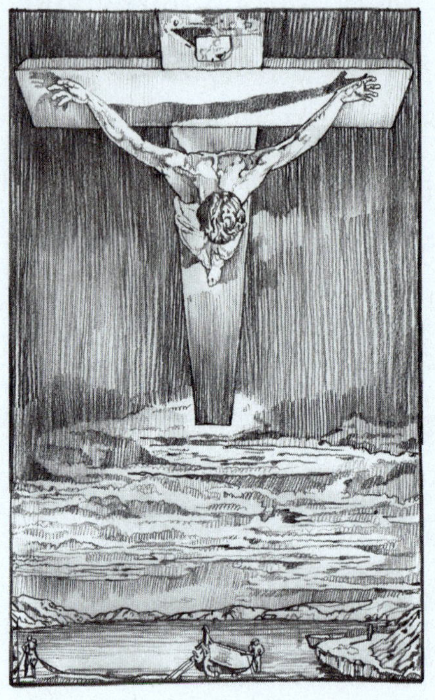

Cristo de San Juan de la Cruz de Dalí

El sacramento de la última cena. Recuerda a los espectadores *La última cena* de da Vinci, que fue pintada más de 450 años antes. Pero Salvador ha combinado en esta gran pintura sus ideas de principios matemáticos (en las formas geométricas y composición), ciencia y sueños. Incluso incluyó la bahía de Cadaqués al fondo. *El sacramento de la última cena* tiene más de ocho pies de ancho y más de cinco pies de alto y ahora es una de las pinturas más populares de la Galería Nacional de Arte en Washington, DC.

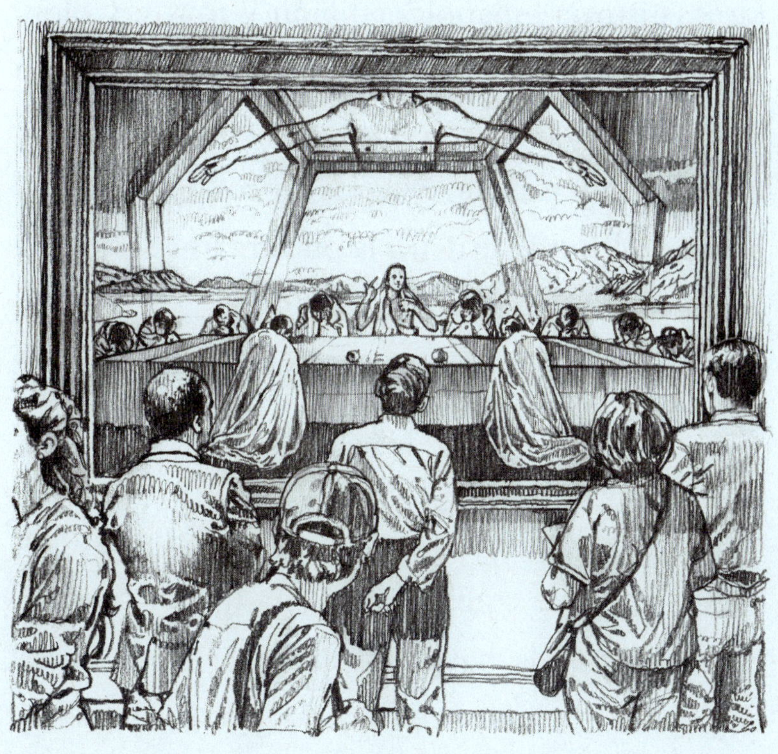

Salvador comenzó a pintar una de sus obras más grandes en 1958. *El descubrimiento de América por Cristóbal Colón*, que mide 13 pies de alto por 10 pies de ancho, le tomó un año completarla. (*La persistencia de la memoria,* en contraste, es de 9,5 x 13 pulgadas). Al igual que *El sacramento de la última cena*, esta pintura combina muchas ideas: historia española, religión y mitos. Colón, un explorador italiano, se muestra como un hombre muy joven, y su barco está pintado de manera muy realista. Pero las cruces flotantes y el misterioso fondo le dan a la pintura una sensación sobrenatural.

La década de 1950 fue una época muy ocupada para Salvador. Produjo algunas de sus pinturas más conocidas. Su trabajo fue visto en todo el mundo. Y pudo cumplir uno de sus propios sueños: casarse con Gala en una iglesia católica. Salvador y Gala habían recibido el permiso del Papa para que eso sucediera. La pareja se casó en una pequeña ceremonia el 8 de agosto de 1958 en Girona, España.

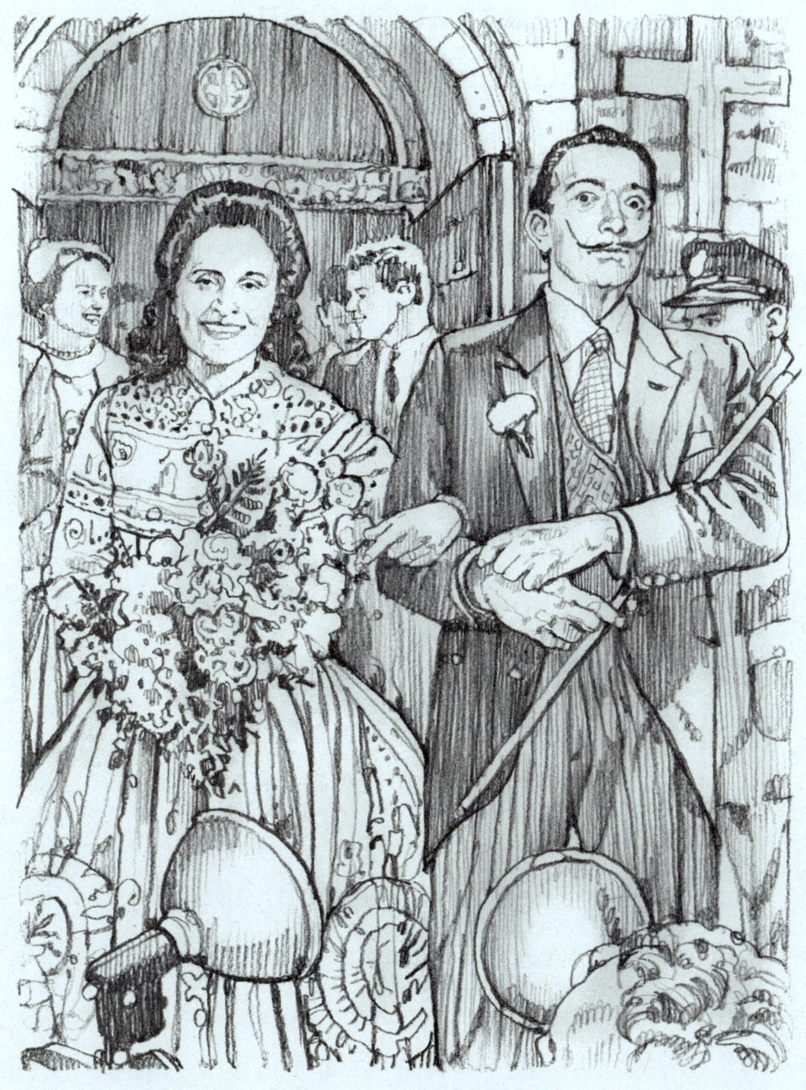

CAPÍTULO 11
La reinvención

A principios de la década de 1960, el valor de las pinturas de Salvador había aumentado mucho. Era un hombre muy rico. Junto con Pablo Picasso, era el pintor más conocido del mundo. Ahora era tan famoso por su arte como por sus excentricidades, las cosas extrañas que hacía para llamar la atención. Pero el mundo estaba cambiando. Y a una nueva generación de jóvenes les gustaba las payasadas publicitarias que a los viejos amigos de Salvador siempre les habían disgustado de él.

En 1965, conoció al joven artista Andy Warhol en Nueva York. A Salvador le gustaba mucho la energía de la ciudad. Los dos eran superestrellas. El espíritu creativo en la fábrica de Andy Warhol, el estudio donde hacía películas y lienzos serigrafiados, emocionaba a Salvador. Las fiestas que Andy organizaba, llamadas "*happenings*", recordaron a los admiradores de Salvador su *Taxi lluvioso* y su pabellón de la Feria Mundial. Andy dijo del tiempo

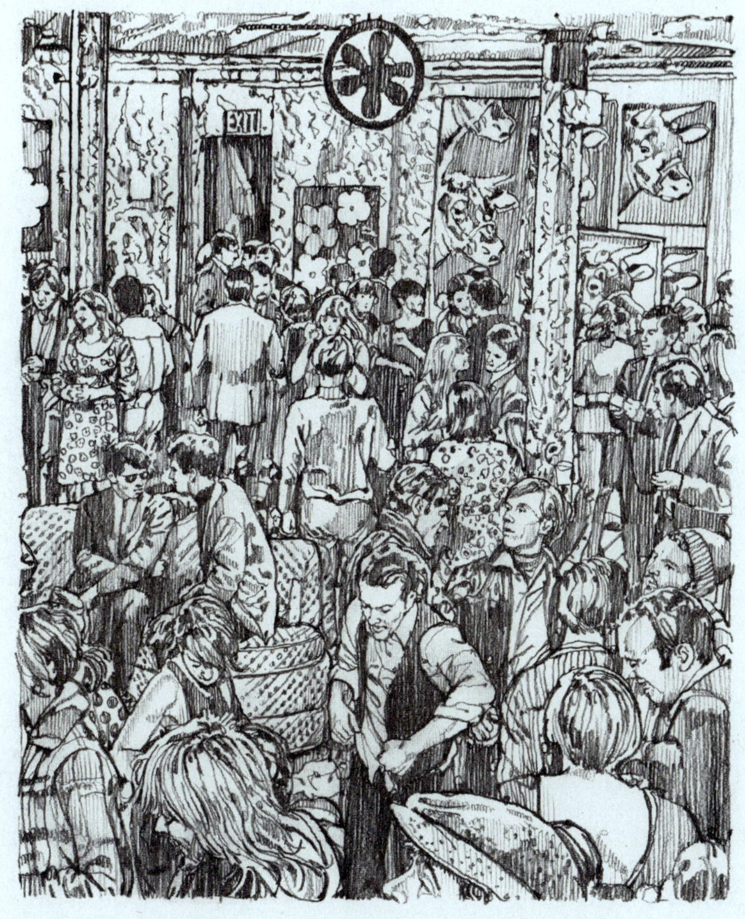

La fábrica de Andy Warhol en Nueva York

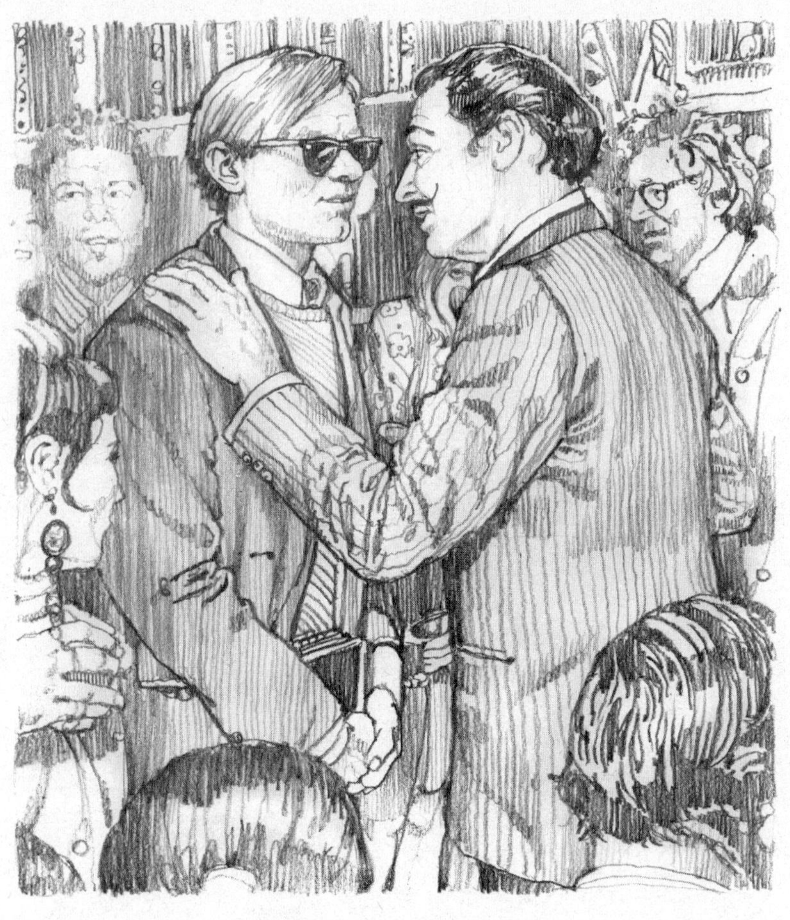

Dalí con Andy Warhol

que pasaba con Salvador y Gala: "Es como estar con la realeza o la gente del circo… No es como estar con un artista".

Salvador apareció en programas de TV y eso lo hacía feliz. Era muy solicitado, no solo como pintor, sino como diseñador y pensador creativo. Le pidieron que diseñara trajes de baño, ceniceros, frascos de perfume y que modelara camisas de hombres. ¡Incluso creó el logotipo de una marca española de piruletas!

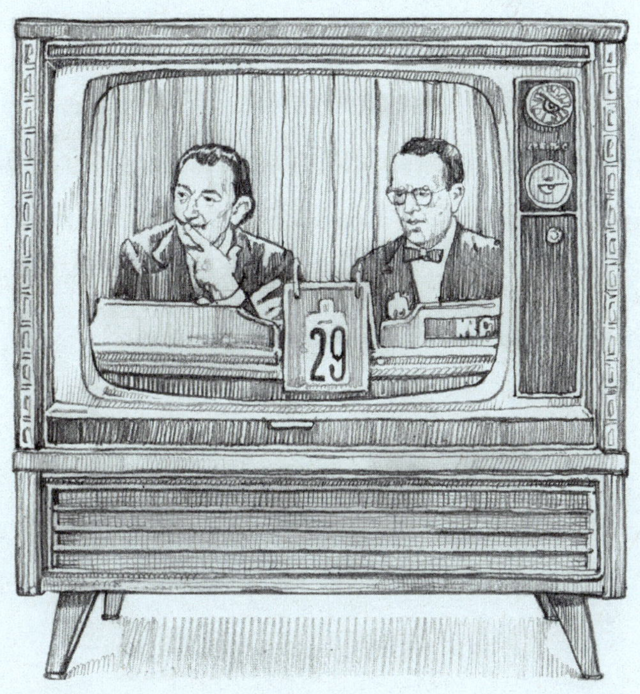

Chupa Chups

La marca de piruletas internacionalmente popular, Chupa Chups, se fundó en España en 1958. El logotipo de Chupa Chups fue diseñado por Salvador Dalí durante su primera campaña de *marketing* que utilizó el lema "Es redondo y dura mucho".

¡En 1995, Chupa Chups se convirtió en el primer caramelo en ir al espacio! Fue enviado a la estación espacial Mir con astronautas rusos, llamados cosmonautas. Las piruletas se fabrican actualmente en más de cien sabores en todo el mundo.

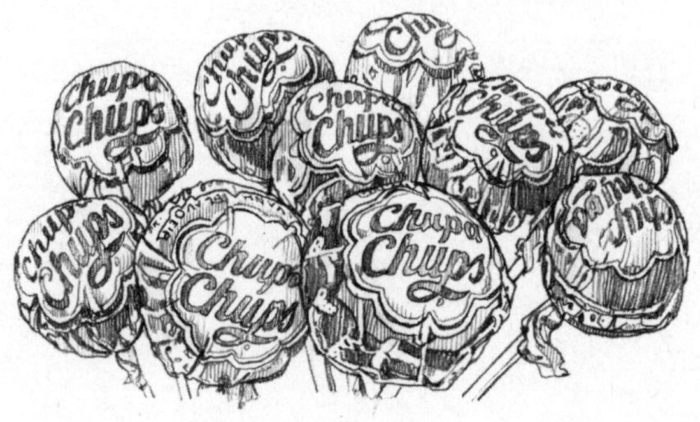

La cara y el bigote de Salvador eran reconocibles en todo el mundo. Y sabía cómo promocionarse como si fuera un producto en venta. En 1969, llevó de paseo a un oso hormiguero por el metro de París. Pero resultó que él no era dueño del oso hormiguero, ¡lo había pedido prestado para llamar la atención! Había contratado a un fotógrafo para que fotografiara esta extraña escena, seguro de que aparecería en todos los periódicos franceses.

En 1970, Salvador comenzó a trabajar con el fotógrafo francés Marc Lacroix, quien tomó fotos del pintor sentado afuera bajo una luz brillante. Su fotografía *Dalí a través de los ojos de un sabio en Marruecos* se conoce como "San Dalí" porque parece que Salvador tiene un halo. La fotografía *El rey Dalí* muestra al Salvador de aspecto real con una corona y su bigote perfectamente curvado.

Los dos hombres trabajaron juntos en un número navideño especial de la revista *Vogue* que incorporó las pinturas de Salvador y las fotografías de Lacroix.

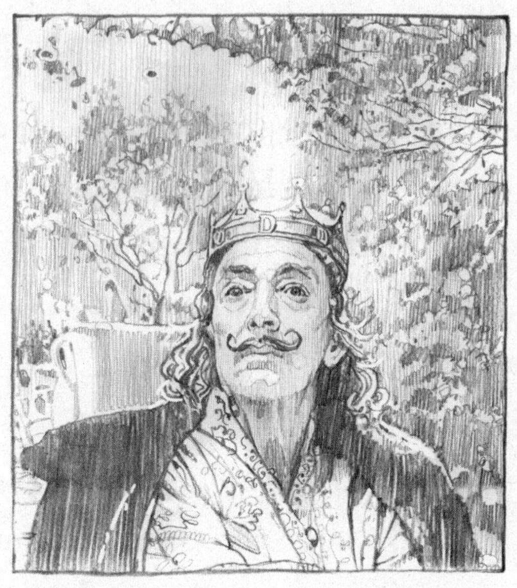

Foto *El rey Dalí* por Marc Lacroix

El 28 de septiembre de 1974 se inauguró en Figueres el Teatro-Museo Dalí. El teatro público había sido bombardeado durante la Guerra Civil Española. Salvador ayudó a reconstruirlo. Era el mismo teatro donde Salvador había mostrado sus primeras obras cuando era joven, más de cincuenta años antes. Y ese día, a la edad de setenta años, recibió la medalla de oro de Figueres. El museo contiene algunos de los dibujos y pinturas de Salvador, y una versión de *El taxi lluvioso* se mantiene allí.

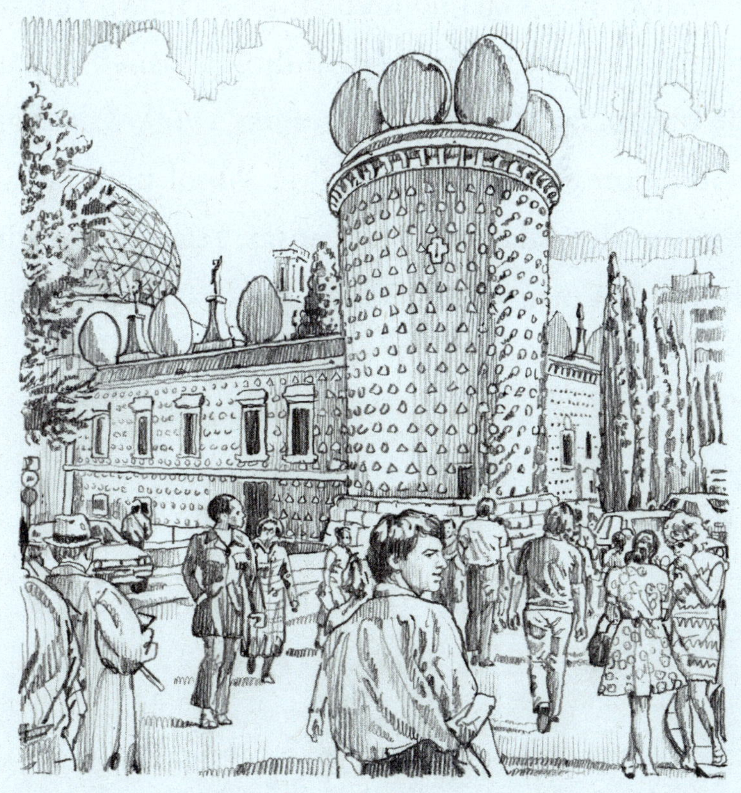

El Teatro-Museo Dalí en Figueres, España

CAPÍTULO 12
Un hombre en su torre

Salvador y Gala dividen ahora su tiempo entre Puerto Lligat y la ciudad de Púbol, a casi 40 millas de distancia. Unos años antes, en 1969, Salvador había comprado el Castillo de Púbol para Gala. Era donde Gala podía descansar, relajarse y vivir como una princesa.

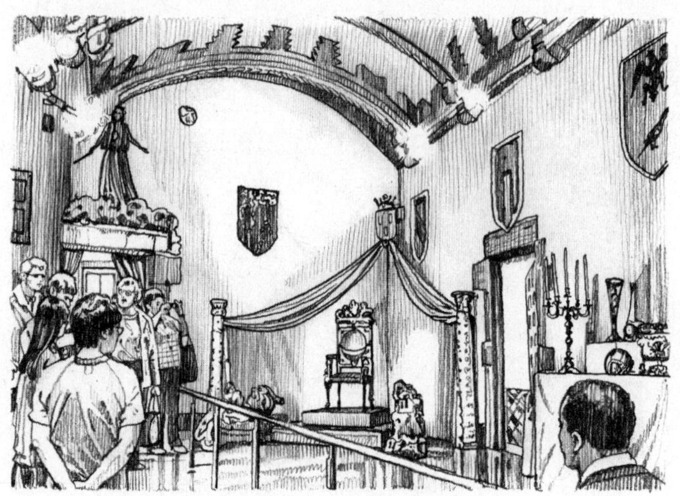

Castillo de Púbol

La pareja hizo su último viaje a Nueva York en 1979. Y aunque se habían vacunado contra la gripe, ambos se enfermaron a principios de 1980. El pintor, con 76 años, y su esposa, que era 10 años mayor, eran bastante frágiles. En abril, regresaron a España. Salvador fue diagnosticado con la enfermedad de Parkinson, una condición médica que afecta el cerebro y el sistema nervioso.

Gala nunca se recuperó de la gripe y murió el 10 de junio de 1982. Fue enterrada en el Castillo de Púbol. Salvador estaba físicamente enfermo y con el corazón roto sin Gala. No quería seguir viviendo sin ella. Pasó gran parte de su tiempo en la cama. Poco después, el rey Juan Carlos I le concedió el título nobiliario Marqués de Dalí y de Púbol, que fue un gran honor. Y en los EE. UU., el Museo Salvador Dalí (conocido como el Dalí) abrió sus puertas en San Petersburgo, Florida. En 1983, comenzó a pintar nuevamente. Completó su última pintura, *La cola de golondrina*, ese año.

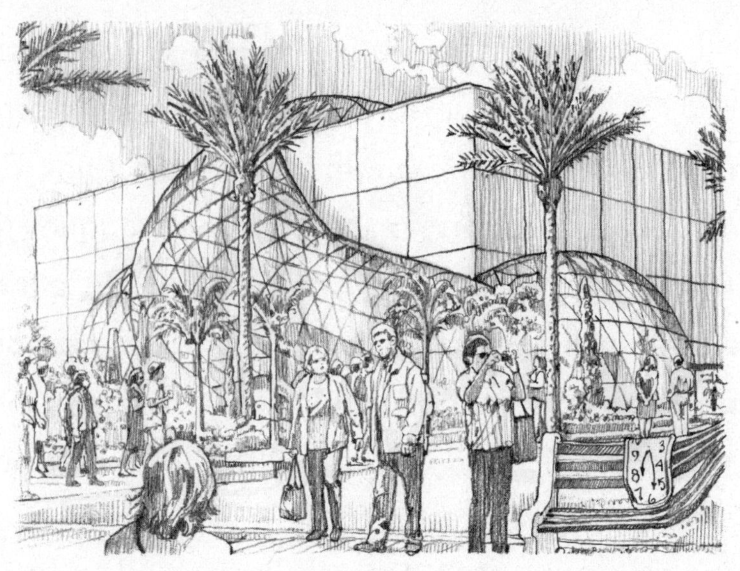

El Museo Dalí en San Petersburgo, Florida

En 1984, tras un incendio en su dormitorio en el castillo, fue ingresado en un hospital de Barcelona para recuperarse. Nunca regresó al Castillo de Púbol. Cuando salió del hospital, Salvador se mudó a una habitación en una torre del Teatro-Museo Dalí. Fue allí donde el rey Juan Carlos I lo visitó a finales de 1988. Salvador le regaló al Rey lo que resultaría ser su último dibujo, llamado *Cabeza de Europa*.

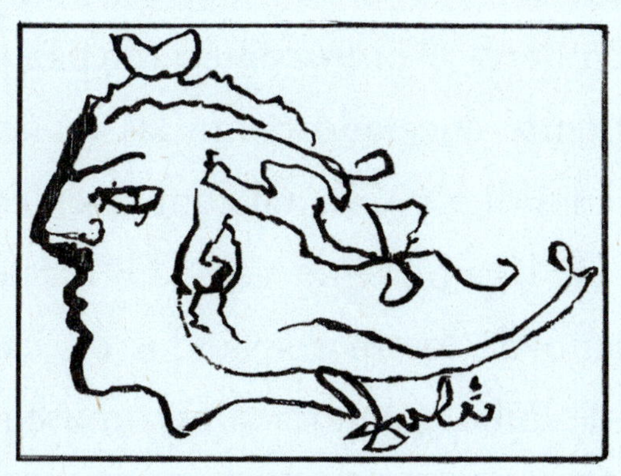

Cabeza de Europa

El 23 de enero de 1989, Salvador Dalí murió de insuficiencia cardíaca. Su ataúd fue paseado por las calles de Figueres, en las que se agolpaban miles de personas.

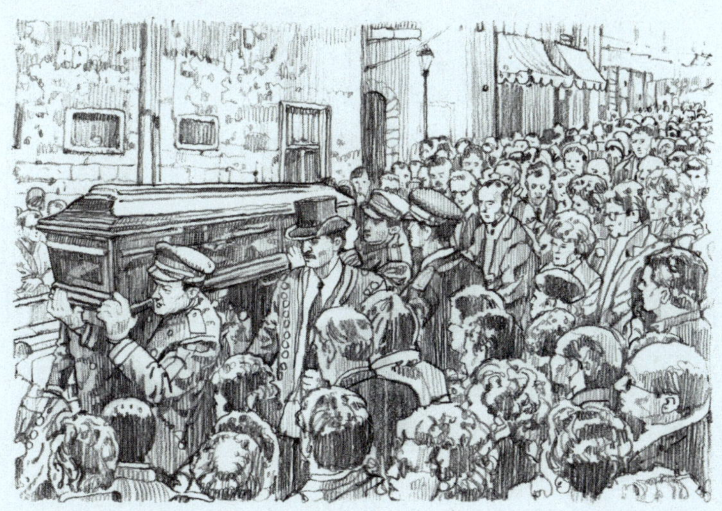

En su muerte, el pintor parecía en paz, su bigote perfectamente encerado como las manecillas de un reloj a las diez y diez, tal como a él le gustaba.

Hoy, su legado sigue vivo. El Teatro-Museo Dalí es uno de los más visitados de España. El Castillo de Púbol es ahora la casa museo Castillo Gala-Dalí. Y en 2003, finalmente se estrenó la película de Disney, *Destino*, en la que Salvador comenzó a trabajar en 1945.

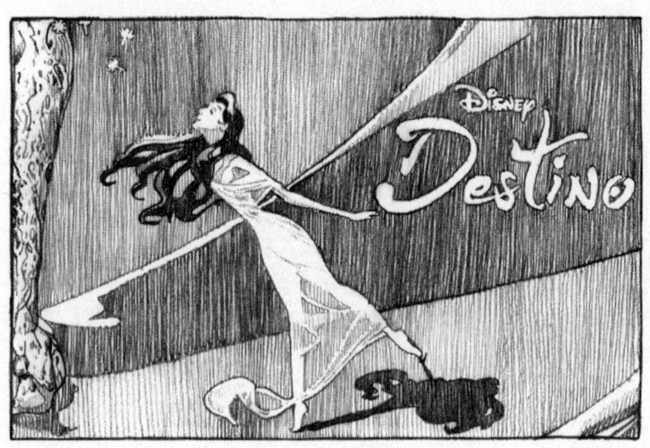

A lo largo del siglo XX, Salvador Dalí vio aumentar en popularidad a muchos movimientos y estilos artísticos. Conoció a casi todos los artistas más importantes del siglo: pintores, cineastas, poetas, diseñadores y escritores. Entre todos ellos, Salvador se destacó. Era talentoso, exitoso y único. Su obsesión por ser diferente lo convirtió en una de las personas más reconocidas del mundo, y uno de los mejores artistas de todos los tiempos.

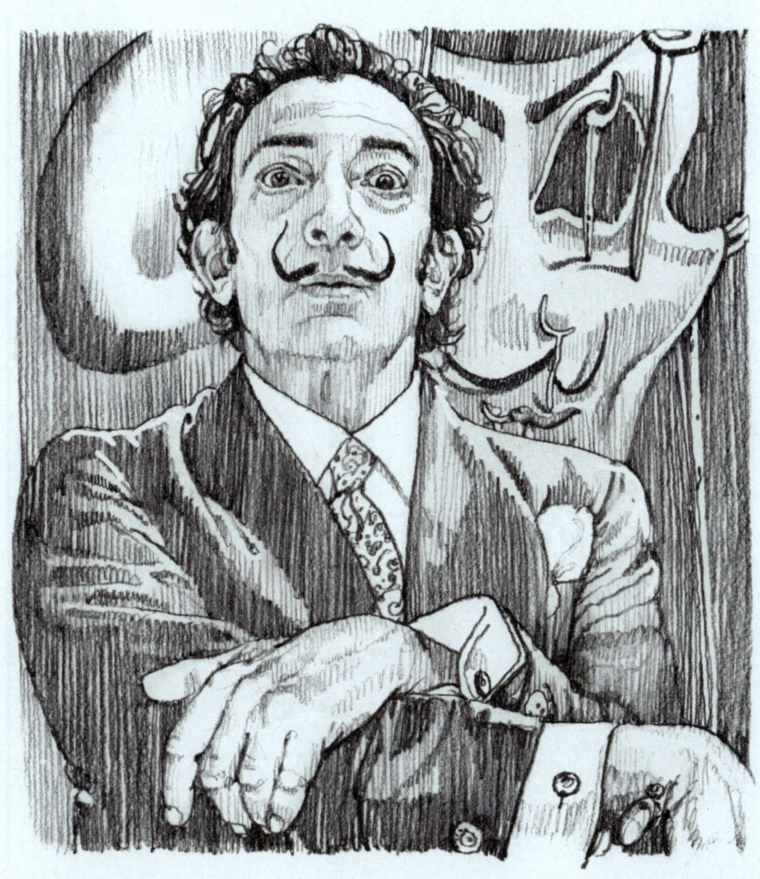

Cronología de la vida de Salvador Dalí

1904	Salvador Dalí nace el 11 de mayo en Figueres, España
1912	Establece un estudio de arte en el ático de la casa de su familia
1925	Tiene su primera exposición individual en las Galerías Dalmau de Barcelona, España
1929	En noviembre, conoce a Gala
1931	La primera exposición surrealista en los EE. UU. tiene lugar en Hartford, Connecticut, con su pintura *La persistencia de la memoria*
1934	Se casa con Gala
1936	Aparece en la portada de la revista *TIME*
1939	Expone sus diseños en la Feria Mundial de Nueva York
	Es expulsado del grupo surrealista
1942	Publica su autobiografía, *La vida secreta de Salvador Dalí*
1958	Se casa con Gala por segunda vez en una ceremonia religiosa el 8 de agosto en Girona, España
1969	Diseña el logotipo de Chupa Chups
1980	Es diagnosticado con la enfermedad de Parkinson
1982	El Museo Salvador Dalí abre sus puertas en San Petersburgo, Florida
1983	Completa su última pintura, *La cola de golondrina*
1989	Muere el 23 de enero en Figueres

Cronología del Mundo

1904 — Ingenieros militares de EE. UU. comienzan a trabajar en el Canal de Panamá

1912 — El trasatlántico británico *RMS Titanic* se hunde en el Océano Atlántico Norte el 15 de abril

1922 — La aviadora estadounidense Amelia Earhart compra su primer avión

1931 — Se termina el Empire State Building en Nueva York

1941 — Se termina el Monte Rushmore en Dakota del Sur el 31 de octubre

— Japón ataca la base naval de EE. UU. en Pearl Harbor, Hawai, el 7 de diciembre

1952 — Isabel II se convierte en reina de Inglaterra después de la muerte de su padre, Jorge VI

1968 — El término "*heavy metal*" se utiliza por primera vez en la canción de rock "*Born to Be Wild*" de Steppenwolf

1971 — La edad para votar en los EE. UU. se reduce de 21 a 18 años

— Walt Disney World Resort abre en Orlando, Florida

1989 — Los ciudadanos de Alemania Oriental corren a los 6 puestos de control que separan Alemania Oriental y Occidental, dando comienzo a la caía del Muro de Berlín, a partir del 9 de noviembre

Bibliografía

***Libros para jóvenes lectores**

*Bennett, Leonie. ***The Life and Work of . . . Salvador Dali.*** Chicago: Heinemann Library, a division of Reed Elsevier, Inc., 2005.

Brown, Christopher Heath, and Jean-Pierre Isbouts. ***The Dalí Legacy.*** New York: Apollo Publishers, 2021.

Dalí, Salvador. ***Dali by Dali.*** Translated by Eleanor R. Morse, New York: Abrams, 1970.

Etherington-Smith, Meredith. ***The Persistence of Memory: A Biography of Dalí.*** New York: Random House, 1992.

Friedewald, Boris. ***Dalí's Moustaches: An Act of Homage.*** Munich: Prestel Verlag, 2016.

*Guglielmo, Amy. ***Just Being Dalí.*** New York: G. P. Putnam's Sons, 2021.

*Kelley, True. ***Who Was Pablo Picasso?*** New York: Grosset & Dunlap, 2009.

*Klein, Adam G. ***Salvador Dalí.*** Edina, MN: Abdo Publishing, 2007.

*Wenzel, Angela. ***The Mad, Mad, Mad World of Salvador Dalí.*** Munich: Prestel Verlag, 2007.